Acquiring the Major Speech Functions in
Russian

For intermediate and advanced-level students

Простите, что вы имеете в виду?

actr American Council of Teachers of Russian
1828 L Street, N.W., Suite 1200, Washington, D. C. 20036

Natalia Hayes

Kendall Hunt
publishing company

Cover image of people with dogs: Courtesy of Dasha Baranova-Zhuravleva and Irina Timohina
Cover image of city skyline: Courtesy of Phillip Hayes

Image of Pechkin on pg 39, from the cartoon "Kanikuly v Prostokvashino": Reprinted with permission from Soyuzmul'tfilm.

www.kendallhunt.com
Send all inquiries to:
4050 Westmark Drive
Dubuque, IA 52004-1840

Copyright © 2016 by the American Council of Teachers of Russian

ISBN 978-1-4652-9442-5

Kendall Hunt Publishing Company has the exclusive rights to reproduce this work,
to prepare derivative works from this work, to publicly distribute this work,
to publicly perform this work and to publicly display this work.

All rights reserved. No part of this publication may be reproduced,
stored in a retrieval system, or transmitted, in any form or by any
means, electronic, mechanical, photocopying, recording, or otherwise,
without the prior written permission of the copyright owner.

Printed in the United States of America

CONTENTS

Foreword		v
Acknowledgments		vi
Introduction		1
Teacher's Manual		4
Chapter 1	**Госпожа! Гражданка! Будьте любезны.** How to address those we know and those we don't	22
Chapter 2	**- Алло, это зоопарк? - Вы ошиблись номером.** How to communicate over the phone	52
Chapter 3	**Какая приятная встреча! Какими судьбами!** How to greet those we know and those we don't	65
Chapter 4	**Позвольте представиться…** Etiquette of meeting people and introducing others	88
Chapter 5	**-Заезжай в клуб вечером!** **-Боюсь, что не получится.** Etiquette of Invitations	105
Chapter 6	**-Если тебя не затруднит…** **-Хочешь, не хочешь, а надо!** Etiquette of requesting. Etiquette of giving advice	130
Chapter 7	**Безусловно. Я полностью разделяю вашу точку зрения.** How to agree and to disagree	157
Chapter 8	**Какие могут быть извинения! Какой пустяк!** How to apologize and accept apologies	174

Chapter 9	**Какая ерунда! Разве из-за этого можно расстраиваться!** How to express support, compassion, and sympathy	**186**
Chapter 10	**-Вы прекрасно выглядите!** **-Спасибо за комплимент.** Etiquette of giving and accepting compliments	**199**
Chapter 11	**Поздравляю с Днём Студентов!** **Желаю успехов в учёбе.** How to congratulate and accept congratulations	**212**
Chapter 12	**-Спасибо большое! -На здоровье.** Etiquette of giving and receiving thanks	**226**
Chapter 13	**До скорой встречи! Пиши! Заезжай!** Etiquette of saying good-bye.	**243**

FOREWORD

When U.S. students study and live in Russia (or another Russophone country), a major concern is making sure that one's meaning and intentions are communicated clearly. Communicating effectively in Russian requires, among other things, that one speak and respond to Russian greetings, requests, invitations, or expressions of gratitude, concern, congratulations, regret, etc. in a native-like way, signaling both an understanding and appreciation of the social and cultural context in which the communication is taking place.

The present volume by Dr. Natalia Hayes is built around a series of realistic scenarios set in Russia, in which an American speaker is called upon to develop extended responses to typical speech situations taken from everyday Russian life. The text contains a rich array of source material that models typical speech situations as well as open-ended conversations in which the student must develop an extended response, either in writing or orally.

These classroom-tested materials have been useful in preparing students for their first (or second) extended period of study in Russia or other Russian-speaking immersion environment. *Acquiring the Major Speech Functions in Russian* is recommended for use at the 2nd, 3rd, and 4th year levels of undergraduate programs for use with most existing text and curricular materials.

Professor Dan E. Davidson, Myra T. Cooley Lectureship
Department of Russian
Bryn Mawr College

ACKNOWLEDGMENTS

I want to express my sincere gratitude to professor Dan Davidson, who encouraged me in my work, supported this project, and offered valuable comments. Thanks are also due to Dan Davidson and Irina Walsh for test-teaching the volume and for their great suggestions. I am very grateful to Katherine Moskver for her help with editing and review of the textbook, as well as to Christine Vivas for her proofing of the English part of the book.

My thanks go to my wonderful students Sara Orduna, Gizem Aydin, Tianyuan Zhang, Mariana Irby, Connor Bralla, Dixie Ouellette, Emily Christie, Bluma Millman, Raymond DeLuca, Connor Odekirk, Nickolas Trickett, Katherine Mahoney, and Sarah Powell. They allowed me to test-teach these materials at our sessions and record their performance of the learning scenarios. They also shared their personal experiences of linguistic difficulties in Russia, giving me new ideas of practicing speech functions.

I think visual materials make learning more interesting and fun. This volume has many photographs and drawings. I would like to express my appreciation to Yuriy Kumykov for the humorous drawings he created for this volume, as well as to artist Alla Serdukova who allowed me to use her drawing in my curriculum materials.

I want to extend my thanks to my many Russian friends who shared beautiful pictures from their personal collections. My special thanks go to Muratov and Volkov families from Moscow who agreed to be my co-creators and invested their time in making photographs for this volume. I am also happy to acknowledge the work of enthusiastic photographers and students from Moscow Dasha Baranova-Zhuravleva, Irina Timohina, and Maria Andreeva.

I enjoyed working on this volume, and I hope others will enjoy using it.

INTRODUCTION

Language etiquette is a code of linguistic behavior and an important part of linguistic routines. Speech etiquette is a culture-specific phenomenon. Although politeness principles are universal in language usage, politeness strategies vary from language to language, and from culture to culture. They are greatly influenced by speakers' psychological makeup, lexicon, and grammar. Sometimes politeness strategies are similar, but the linguistic means of expressing them, speech etiquette, might be different. Speech etiquette (French word literally meaning *label* or *tag*) varies across cultures, and an impeccable etiquette in one culture might be inappropriate in another. As students expand their knowledge of Russian culture and traditions through language learning, they discover both similarities and differences with their own culture, and come to understand that communication with native speakers in their natural environment is not just about exchange of forms and structures; it is about using them appropriately. This is hardly possible without knowing Russian cultural conventions and acquiring the full range of speech functions.

Certain communicative aspects of speech remain difficult even for students of Russian at the advanced levels. It is not uncommon for students to take grammar, literature and culture courses, and still have difficulty communicating effectively with native speakers. While students may already know all of the vocabulary speech etiquette requires, applying this vocabulary in different communicative contexts remains a challenge.

The study and teaching of Russian as a foreign language has benefitted greatly by the pioneering work of N.I. Formanovskaya, A.A. Akishina, and S.V. Shevtsova in the area of Russian speech etiquette and speech functions. "Простите, что вы имеете в виду?" emphasizes functional and communicative aspects of language learning, in tune with current developments in socio-linguistics and the realities of today's Russian language study programs. Presently, overseas study in Russia or other Russian-speaking country, combined with homestays, internships, and service learning opportunities, is increasingly a part of the education of American students of Russian. Residing with native Russian speakers, students are faced with culture-specific nuances of daily communication. They are motivated to comprehend and to produce speech functions in oral and in written communication with their Russian professors, friends, and hosts. Naturally, they also use electronic correspondence and texting, and want to know how to create letters or electronic messages appropriately. Building on both standard works and more recent research on the development of socio-pragmatic competencies in Russian, this volume is intended to address the needs of today's students of Russian.

Although the main objective of this volume is to aid students in acquiring speech functions in Russian, it can also help learners improve their communication skills in Russian more generally. The textbook offers conversational scenarios, tasks in writing letters and electronic messages, similar in length and volume to conversations or written correspondence students might engage in their native language in similar situations. Because all four skills (Speaking, Listening, Reading, and Writing) are important for successful communication, this text is based on a multi-model approach to practicing speech functions and includes: listening activities, drills, situational scenarios, and writing assignments. Scenarios are intended to bolster the student's overall self-expression in Russian, as well as strengthen interactional skills across a broad range of typical social situations.

This book is intended for Intermediate and Advanced learners of Russian. The volume can be used as a separate course in Advanced Conversation or as supplementary material for the third year and also intensive second year college level courses. Although it is not coordinated with any particular textbook, it has been successfully used in combination with Rosengrant's Third Year textbook, as well as with "Stage III" textbook by Lekic, Rassudova, and Ryabova. The volume worked well when used in tandem with "Contemporary Business Russian" by Ksenia Muratova. The book can also be used independently by those who want to refine their knowledge of speech functions, and as a reference work for students and others who want to know speech etiquette expressions in detail.

This volume consists of 13 chapters. Every chapter introduces a certain speech function and consists of four sections:

A. Speech etiquette phrases, expressions, and commentaries. "Read and Analyze" assignments in this section are recorded; the recordings can be found on Russnet.org website free of charge. Some slang expressions are included to prepare students to understand colloquialisms they are likely to hear in Russia; however, these phrases are not meant to be used.

B. Drills. Exercises in this section can be used in several ways: as homework, for group work in the classroom, as well as for testing and quizzing. If instructors choose to use the Drill section exercises for testing, they can copy the pages from the volume; lines for writing are provided.

C. Situational (learning) scenarios. Many of the learning scenarios in the book were inspired by the stories told by students who lived with their host families in Moscow and St. Petersburg. When they resumed their Russian studies in the US, they shared the communicative situations that seemed awkward and challenging, and made them feel "at a loss for words" when they were in Russia.

D. Written communicative assignments[1], designed to elicit specific speech functions within relatively bounded contexts.

The Teacher's Manual, which is a part of this volume, contains a discussion of the methodological considerations underlying the book, and suggests strategies that help to use the volume effectively and efficiently.

___

[1] Chapter II on phone etiquette does not offer written assignments and consists of three sections, instead of four.

TEACHER'S MANUAL

The volume in its manuscript format was used in class for several semesters before recommendations on methodology were finalized. These recommendations are based on the observations of students' work and feedback from students and instructors who took part in test-teaching the textbook. That said, every class is different in terms of goals and individual preferences, and the text is structured so as to permit a high degree of flexibility in how these materials can be used, including even the ordering of the chapters. The Teacher's Manual is created for those instructors who would prefer to be guided through the process. The speech functions, each with its own chapter, are presented in an order which, in the author's experience, worked best in her classes.

Method:

It is helpful to give students a step by step plan of how to work with the learning scenarios. At the beginning the assignments might not be obvious to students, because this type of work is different from what they have previously done in their Russian classes. A suggested model of how to work with "Простите, что вы имеете в виду?" is offered below, with each stage of work discussed in some detail throughout the material.

After introducing section A in class, the instructor generally assigns students to preliminary study section A (Etiquette phrases and expressions), as well as to work with section B (Drills) at home. A written exercise from section D is also assigned, as well as work with a Learning scenario from section C. Work with this assignment continues in the following class. Below is the detailed description of full lesson scope and sequence.

Suggested sequence of work with "Простите, что вы имеете в виду?"

In class:

Introduction of a function. Section A: Etiquette expressions and phrases.

At home:

1. Study Section A: Etiquette expressions and phrases.
2. Work with Section B: Drills. Be prepared to do the Drills in class orally or in writing (as a quiz). Instructor has options of how to do the drills in class: orally or in writing.
3. Written assignment of instructor's choice from Section D.
4. Learning Scenario assigned (Section C): reading and thinking about different roles students might be assigned to play in class, as well as about etiquette expressions, associated with these roles and other language to support the scenario.

In class (next time):

1. Discussion of Etiquette expressions.
2. Drills (can be done orally, or pages can be copied and used for a written drill).
3. Scenario (3 – 5 min. to prepare and decide on the roles).

Although studying etiquette expressions and phrases, doing drills and written assignments are self-explanatory, it may be useful to elaborate on some of the steps of work with the actual Learning Scenarios (Section C).

Using the Learning Scenarios segment (section C): detailed description

At home:

Deciding on the language:

1. *Speech etiquette*. Deciding on the appropriate *speech etiquette expressions* to use. Sometimes the differences between various etiquette expressions are dramatic, other times they are quite subtle. Students should decide what the most appropriate expressions are for the learning scenario assigned.

2. *Other language and "direction" of the scenario*. Communication is a complex process, where, aside from exchanging expressions of politeness and etiquette phrases, there is also an exchange of information of objective and subjective character (how the speaker relates to the objective information). Thinking about the *direction of the scenario* (objective and subjective information) and necessary language to support such information is the goal of the next step. The student should imagine how she/he will develop this scenario if they were to play this or that role. The process is very individual: It depends on the student's background, experience, and imagination.

3. *Volume*. It is important not to treat communicative assignments as textbook exercises that students do during their grammar studies; such approach wouldn't result in maximum output. Scenarios should be treated as communicative situations, similar to the ones students find themselves in when they speak their native language. They should aim at the same *volume* of speech.

In class:

4. While roles are assigned (5 minutes of preparation time is optional), and the scenario is performed in class, the instructor should take notes; teacher's feedback is important. Experience indicates that it is particularly beneficial for students to perform the scenario again, after taking notes and reflecting on the teacher's feedback. Practice makes perfect, and the second try is usually much better and more satisfying for the students than the first one.

Some instructors might find it beneficial to use the model below for easier understanding and demonstration of how their class is going to work as they use "Простите, что вы имеете в виду?". The model is followed by a transcript. Please see the transcript of several stages of work with a Learning Scenario in class that was created for the purposes of demonstration of how the quality of language improves and volume of language increases, as students do several performances in a row.

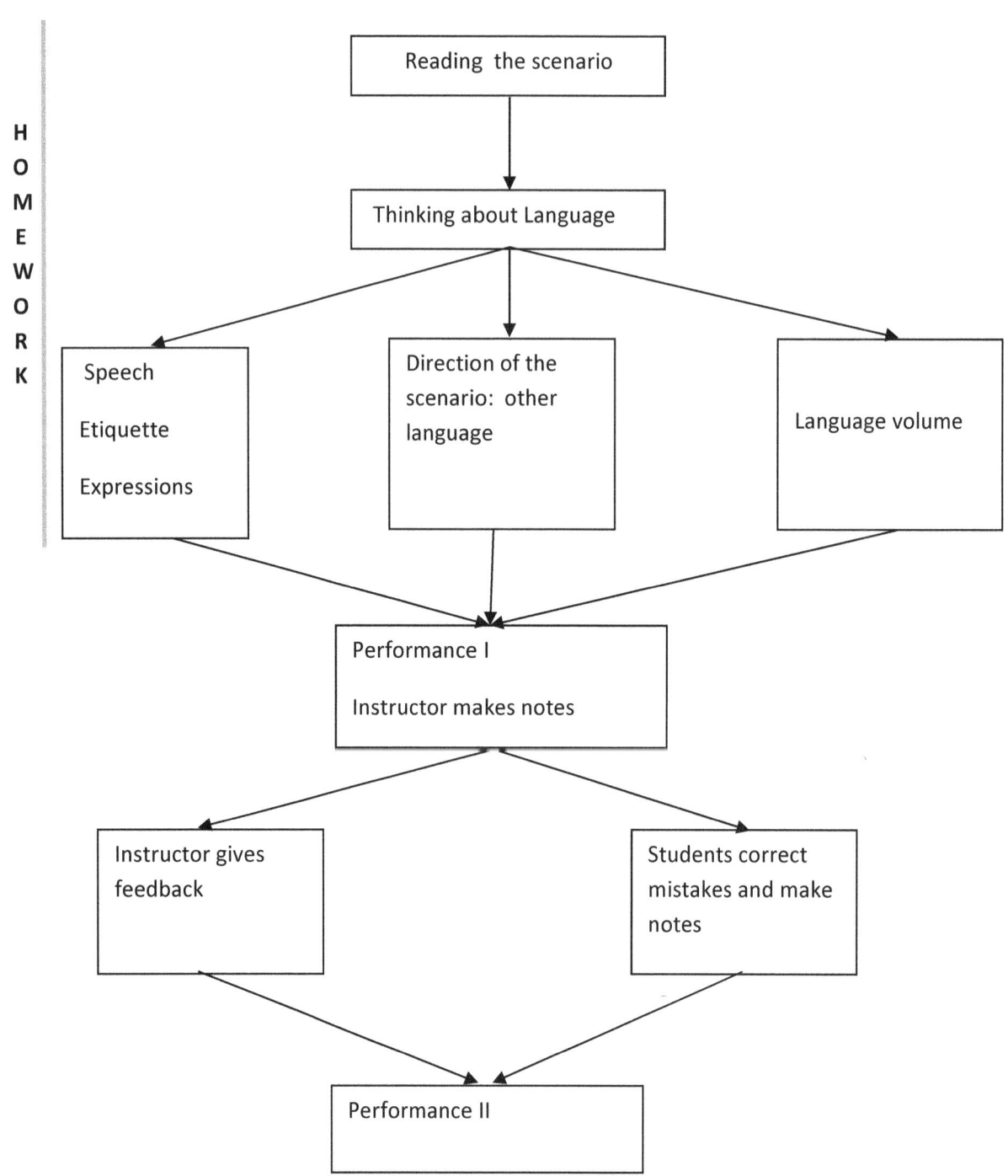

Transcript of several stages of work with a Learning Scenario:

Scenario used for the transcript:

Chapter XIII, C1:

Действующие лица (5 – can be fewer or more): американская студентка Ронда, её хозяйка Алла Семёновна, её подруга Настя, её друг Дима, преподаватель Пётр Иванович.

Ронда прекрасно провела семестр в Москве, но пора домой, пора прощаться с хозяйкой, с её семьёй, с друзьями и преподавателями.

Разыграйте следующие сценки прощания:

a) Ронда прощается с хозяйкой Аллой Семёновной. Действие происходит в квартире у Аллы Семёновны.

b) Прощание с подругой Настей и другом Димой (ещё одной хорошей подруги Зины не было университете, Ронда не может ей дозвониться). Действие происходит дома у Насти.

c) Ронда прощается с преподавателем Петром Ивановичем. Действие происходит в студенческой аудитории, после лекции по литературе.

Что, скорее всего, скажут русские, с которыми Ронда прощается?

Pre-Performance

The "Pre-Performance" work is normally done before class. This segment is transcribed, and presented here for the purposes of demonstrating what volume and quality of language students start with before they work with "Простите, что вы имеете в виду?", if they do not prepare before class. Students were asked to read the learning scenario once and make up the dialogs right away, after deciding on the roles and thinking about the scenario for just a couple of minutes.

Saying good-bye to the hostess

-Анна Семёновна, мне надо *уезжать*.

-До свидания, Ронда. Спасибо.

-Я завтра *улечу* утром. Спасибо вам.

-Пожалуйста. Oh, my god, what else? (laughing)

Saying good-bye to the professor

-Пётр Иванович, спасибо вам большое.

-Пожалуйста.

-Мне *нравилось* с вами *учиться*. Вы – мой самый любимый преподаватель.

-Вы отличная студентка.
[long pause]

-До свидания.

-До свидания. Будьте *осторожно*.

Saying good-bye to a friend

-Ронда, ты улетаешь завтра?

-Да.

-До свидания. Спасибо, *что ты была* в России.

-Пожалуйста. Я *рада* с тобой познакомиться. Пока.

-До свидания.

The other segments of work presented below reflect the usual stages of work with the materials in class. As previously mentioned, the instructor starts working with a chapter by assigning Sections A and B of the chapter as homework. One or two learning scenarios from Section C and a written assignment from Section D are assigned as well. During the next class Section B (Drills) is done orally or in writing, after which students perform one of the scenarios they thought about at home: once before, and once after instructor's feedback. These segments of work (Performance 1, Instructor's Feedback, and Performance 2) were transcribed, and they are presented below.

Performance 1

(instructor makes notes)

Saying good-bye to the hostess

-Анна Семёновна, спасибо вам за то, что вы очень хорошей хозяйкой были.

-Не за что, не за что! Я очень рада, что я твоя хозяйка. Ты такая милая и добрая! Я буду <u>по тебе скучаю</u> (1)[2]. <u>Ты пила мой чай</u> (2), мы смотрели телевизор вместе…

-Я тоже буду <u>по вами скучать</u> (3). Спасибо вам за чай и за всё.

-Ну конечно. Счастливого пути и напиши когда ты доедешь.

-Обязательно. Ну до встречи. До свидания.

<u>Saying good-bye to the professor.</u>

-Пётр Иванович, спасибо вам за всё, что <u>вы нам научили</u> (4).

-Не за что. Я радовался, когда ты говорила на занятиях. Ты прекрасно знаешь русскую литературу.

-Очень рада это слышать. Я хочу вам <u>дать подарок</u> (5) – книжку. Это от меня, надеюсь, что вам понравится. <u>Желаю вам хорошей жизни.</u> (6) До свидания.

-До свидания. Я желаю тебе успехов в учёбе в Америке.

-<u>К чёрту</u> (7).

---

[2] The numbers are assigned to the errors that are going to be discussed during "Instructor's Feedback" segment.

Saying good-bye to a friend

-Ронда, я буду скучать по тебе.

-Я тоже буду скучать по тебе.

-<u>Мне было очень приятно с вами</u> (8).

-Ну мне пора! Мне пора идти!

-Не забывай. До свидания. <u>Заезжай ещё</u> (9).

-До свидания.

instructor's feedback

Instructor reads errors she heard and asks students to correct them as a team, without putting on the spot those who actually made those mistakes. It is a team effort: everybody makes notes, as they get instructor's feedback and discuss inaccuracies in their speech. There are different ways to correct mistakes. This author prefers addressing them with "Я слышала", and then she says exactly what she heard. This proved to be the most effective way (as opposed to asking to translate English equivalents of the erroneous statements or asking questions leading to correcting mistakes in Russian). The "signature" «Я слышала» also signals that it is time to discuss a new error.

1)3)

Преподаватель: Я слышала «Буду по тебе скучаю». Я также слышала «Буду по вами скучать». Я не знаю какой вариант мне нравится больше. Оба оставляют желать лучшего.

Класс: Буду по тебе скучать. Буду по вам скучать.

Преподаватель: Очень хорошо.

2)

Преподаватель: Я слышала «Ты пила мой чай…» Ты пила мой чай…

Класс: Ты пила чай?

Преподаватель: Ты пила мой чай, ты ела мою еду, ты спала на моей постели, ты сидела за моим столом.

Класс (laughing): Мы пили чай вместе, смотрели телевизор.

Преподаватель: Конечно. Это намного лучше.

4)

Преподаватель: Я слышала «Спасибо за всё, что вы нам научили». Исправьте пожалуйста.

Класс: Повторите пожалуйста.

Преподаватель: «Спасибо за всё, что вы нам научили».

Класс: Нас. Нас научили. Кого, что – нас. Винительный. Всё чему научили. Чему.

5)

Преподаватель: У нас только что была тема «Поздравления, пожелания». Вы дарили подарки. Вы смотрели на фразы, которые вы говорите когда что-то дарите кому-то. Я слышала «Я хочу вам дать подарок». Хорошая это фраза или не очень?

Класс: Это от меня вам подарок.

Преподаватель: Говорят русские «дать подарок»?

Класс: Подарить подарок.

Преподаватель: Отлично: «Дать подарок» - это английский язык, правда? Что ещё можно сказать, когда вы что-то дарите? «I have a little something for you", similar to this English expression?!

Класс: У меня для вас что-то есть.

Преподаватель: Да! Отлично. Или «кое-что».

Класс: У меня для вас маленький подарок. Я хочу вам что-то подарить. У меня для вас сюрприз.

6)

Преподаватель: Хорошо. Я слышала также «Желаю хорошей жизни». Это совсем не плохо. Хорошее пожелание. Но я не слышу, чтобы русские часто это говорили. Что лучше сказать?

Класс: Желаю прекрасной жизни.

Преподаватель: Согласна. Зачем желать хорошей жизни, когда можно пожелать прекрасной жизни? Что еще русские желают когда прощаются? Вы можете посмотреть в учебник.

Класс: Счастливого пути, хорошего отдыха, приятного путешествия.

Преподаватель: Отлично! Что ещё?

Класс: Всего доброго. Ещё можно сказать: Всего самого хорошего.

Преподаватель: Согласна. Здорово.

7)

Преподаватель: Я слышала «Желаю вам успехов в учёбе». Ответ был «К чёрту». Когда мы говорим «К чёрту»? Что это фраза здесь делает?

Класс: Ни пуха, ни пера – к чёрту!

Преподаватель: Вот именно.

Класс: Получилось, что я его послала к чёрту. Ну, желаю успехов в учёбе, тогда я говорю «Спасибо».

Преподаватель: Да.

8)

Преподаватель: Я слышала: «Мне было приятно с тобой.» Конец. Точка. Что здесь не совсем хорошо?

Класс: Можно сказать «приятно учить тебя»?

Преподаватель: Конечно. Иначе у вашего собеседника будет в глазах вопрос: «Приятно что?» Вы могли бы сказать также «Мне было приятно с вами работать». Это то, что я могу с удовольствием сказать вам.

9)

Преподаватель: Я слышала «Заезжай ещё». Когда мы говорим «заезжай» / «заходи»?

Класс: Это когда быстро – в аптеку или в магазин. To drop by?

Преподаватель: Мы можем быстро заехать в Россию?

Класс: Нет, это далеко.

Преподаватель: Это может звучать нормально в каком-нибудь контексте? Давайте пофантазируем! Когда это не будет ошибкой?

Класс: Если это пилот и он ездит всё время везде. Гуси, может быть. Спутник.

Преподаватель: Как лучше сказать в вашей ситуации?

Класс: Приезжай.

Преподаватель: Точно-точно.

Хорошо, теперь я хочу, чтобы вы еще раз сделали это быстро, быстро, как в реальной жизни. Смотрите на все записи, которые вы сейчас сделали и ещё раз, пожалуйста. Вы можете использовать новые идеи и выражения, если хотите, но я хочу, чтобы вы обязательно использовали язык, который мы только что обсудили.

Performance 2

<u>Saying good-bye to the hostess.</u>

-Алла Семёновна, мне было очень приятно с вами жить.

-Ронда, ты такая добрая и милая. Я очень рада, что я твоя хозяйка.

-Я буду по вам скучать.

-Я тоже буду по тебе скучать.

-Спасибо вам за еду, за чай, за то, что вы отличная хозяйка.

-Ну конечно. Не за что. Желаю тебе счастливого пути. Напиши пожалуйста когда доедешь.

-Обязательно напишу. Ну хорошо, я пошла.

-До свидания!

Saying good-bye to the professor.

-Пётр Иванович, спасибо вам за всё, чему вы нас научили.

-Не за что. Мне было приятно иметь такую студентку. Вы мне сказали, что вы живёте в Нью-Джерси, да?

- Где?

-В Нью-Джерси.

-Да!

-Ну я буду в Принстоне. Буду там делать доклад.

-Отлично! Тогда я могу увидеться с вами там. У меня для вас что-то есть. Вот.

-Спасибо огромное. Это моя самая любимая книга Жуковского.

-Очень рада это слышать.

-Ну не забывайте.

-Я не прощаюсь с вами. Мы увидимся в Принстоне. До свидания.

-Счастливого пути.

Saying good-bye to a friend

-Ронда, я буду скучать по тебе!

-Я тоже буду скучать по тебе.

-Мне было очень приятно с тобой познакомиться и провести целый год вместе.

-Мне тоже. Ну мне пора. Спасибо за всё. Счастливо оставаться. Я напишу.

-Пока. И приезжай ещё!

There were some new ideas in Performance 2 segment, and, therefore, there was some new language. The volume of language usually increases with each performance. All the errors discussed during Instructor's feedback stage, were corrected. No new mistakes were identified, but often new mistakes (etiquette related, lexical, important grammar structures) do occur. It is up to the instructor whether to continue with another Feedback segment and another Performance segment, simply discuss the new errors, or move on to a new task. It depends on the time allowed for this type of work, as well as classroom chemistry. It might get tedious to do the same scenario more than twice. Sometimes classes do enjoy this type of work and report it as their favorite, as they write their reviews at the end of the semester. If students are really engaged and interested, doing Performance segment three times won't make them lose focus. Most of the time, after Performance 2, the author of the materials discusses briefly only those new errors that are especially important to address, and moves on to a new task .

Observations:

Students have a tendency to resort to the same, most widely used, and well-known phrases of speech etiquette. For example, most students (and native speakers for that matter) would choose *спасибо* over *благодарю* most of the time. Variability should be encouraged, because one of the goals of this work is to give students an opportunity to become comfortable using different expressions, not just one or two.

There are several ways to work with oral learning scenarios. Although they can be done extemporaneously (right after reading and translating, without time to prepare), it is beneficial either to let students work in groups in class for 5-7 minutes to decide on the best language and direction of the conversation or assign processing of the assignment at home. If the latter is the case, students don't have to get together and discuss it. Each student should just think of the language to use and approximate direction of the conversation they would take, if they played this or that role (they should explore different roles). Such an approach results in more interesting dialogs and in more efficient learning. Besides, some students don't like to create conversations on the spot, they say that it is much harder to get creative and think of the best language to use. Having time to visualize potential conversations before performing them in class is very useful.

Communicative assignments are saturated with cultural information: authentic geographic locations, names of streets, metro stations, museums, shows (ballet, movies, circus, drama, opera, etc.) Such information provides "leads" for students who are willing to explore. It is not uncommon that enthusiastic students look up extra information online and include it in their scenarios. In one of the classes, for example, a student looked up additional information on Nikolay Tsiskaridze, a former premier dancer of the Bolshoi Ballet, mentioned in the assignment. She incorporated this information in her performance, elaborating on how old Tsiskaridze was, how handsome he was (she brought his picture), and how hard it was for him to succeed in Moscow (he was born in Tbilisi, Georgia). It was very impressive, and students learned something new and interesting. This kind of extra effort is not necessary, and it is only possible, of course, if communicative tasks are assigned for home. However, it is important to understand that the assignments are just starting points, and different "building blocks" can be used, different directions can be taken to create interesting, longer conversations.

Occasionally "Простите, что вы имеете в виду?" was successfully used in second year classes. In this context, the primary goal of the Scenarios to use speech etiquette expressions appropriately, remained the same. The conversational development second goal focused primarily on the acquisition of the constructions themselves. The teacher is free to adjust scenarios as needed, incorporating target thematic and grammatical topics as necessary. For example, when second year students were prompted with a Phone conversation theme, an assignment from Phone Etiquette section in "Простите, что вы имеете в виду?" was offered, with a special task to include their current grammar into the phone conversation they create (First-person Imperatives with *давай(те),* and Plural subjects (such as *мы с Джеймсом*) were included).

All chapters in "Простите, что вы имеете в виду?" are interrelated. Thus, when we work with the etiquette of saying good-bye, we might need etiquette expressions from the chapter on phone etiquette, because we need to end a conversation and say good-bye over the phone, or, if we work on the etiquette of Invitation, we might need to know how to use greeting etiquette expressions, because before we invite someone somewhere, we should know how to greet them. Although the text presents speech functions in a certain sequence, instructors should feel free to proceed in any order they prefer. Some instructors, for example, might be working on a theme of Invitations, as they use their main textbook. In this case, taking a chapter on the etiquette of accepting and declining invitations from "Простите, что вы имеете в виду?" would be a great supplement to support the main theme / textbook, etc.

I. **Госпожа! Гражданка! Будьте любезны.**
How to address those we know and those we don't

A. Etiquette phrases, expressions, and commentaries

A1. <u>Attracting attention of people you don't know</u>

Извините (пожалуйста)...

Простите (пожалуйста)...

Будьте добры (любезны)...

These phrases can be used regardless of gender and age of people you address. They are synonyms and are used in similar contexts, just like «excuse me» is used in English to attract attention. If you ask for further information (e.g. directions, time, whereabouts of places or people), «Вы не скажете (подскажете)» is usually added.

Read and analyze:

1.

-Будьте любезны. Вы не подскажете, где здесь театр?

-А какой театр вам нужен? На Театральной Площади два театра.

-Я ищу Малый Театр.

-А, Малый! Вон там! Справа от круглого фонтана. С одной стороны он выходит на Театральную Площадь, а с другой стороны – на Театральный Проезд.

-А вход с какой стороны?

-Главный вход прямо рядом с памятником Островскому. Вон там.

-А, вижу-вижу. Спасибо большое.

-Не за что.

2.

-Простите, пожалуйста, когда метро закрывается?

- Большинство станций закрываются в час ночи.

- Спасибо.

-Пожалуйста.

3.

-Извините, вы не скажете, сколько сейчас времени?

-Пять минут второго.

-Благодарю.

4.

-Извините, пожалуйста, можно пройти?

-Да, конечно. Проходите, пожалуйста.

A2. Addressing people you know

Ребята!

Девочки (девчонки)!

Мальчики!

Девушки!

Diminutives/ endearments, such as Мишенька, Настенька, etc. are very often used, regardless of how old people are. If a 60-year old lady addresses her old dear friends she grew up with, they are still "девочки" to her.

Sometimes *Слушай(те)* is added, often accompanied by vocative case. *Слушай(те)* is an intensifier; in casual situations native speakers use it quite often.

Слушай, Марин, ты не знаешь где русско-английский словарь?

Read and analyse:

Зоя -Девочки, давайте вместе подумаем, какой подарок купить Саше на день рождения.

Маша -Саша любит книги по философии, правда, Настенька?

Настя -Правда. Он любит книги по немецкой философии: Ницше, Гегель, Шопенгауэр.

Зоя -Слушай, Насть, он так давно увлекается философией! Я думаю, что у него есть все эти книги. А вот русской кухней он увлёкся недавно.

Маша -Ребята! Это прекрасная идея. Мы подарим ему кулинарную книгу, и не какую-нибудь скучную, а мою самую любимую : отличные рецепты из телепередачи «Едим дома».

Настя -Это классная программа. К сожалению, у меня нет времени её регулярно смотреть. Ну какие там оригинальные рецепты, Машуль?

Маша –Ну, например, рождественская утка с фруктами, салат из крабов, лимонные эклеры и море других вкусных блюд. Не сомневайся, Саша будет в восторге!

Зоя -Ну ладно, девушки, решили – подарим Саше кулинарную книгу.

A3. <u>Addressing strangers</u>:

Мальчик(-и), девочка(-и), ребята... (addressing children)

Молодой человек! (young man)

Девушка! (young woman)

There is no good word/phrase to address older/middle-age strangers. For example, if we want to ask a young woman how to get to Bolshoi Theatre, we can say *Девушка, не подскажете как пройти к Большому театру?* Or *Простите, не подскажете как пройти к Большому театру?* If an older lady is asked for directions, we can't address her as "Девушка". *Простите, Извините*, or other neutral expressions from "Attracting attention of people you don't know" (A1) should be used.

Russian children expect to be addressed informally.

Read and analyze:

1.

-Девочка, ты не знаешь, где здесь мороженое продают?

- Около базара продают.

- А где это?

- Вот, за этими домами.

-Там вкусное мороженое?

-Да, но там не всегда есть мороженое на палочке.

-Спасибо.

-Пожалуйста.

2.

-Молодой человек, вы случайно не знаете, где остановка пятнадцатого трамвая?

-Вот, прямо здесь, около метро Сокол.

-Спасибо большое.

-Пожалуйста.

3.

-Девушка, простите. Я на этом трамвае доеду до кинотеатра "Таджикистан"?

-Да. Это ещё не скоро, через несколько остановок. Я выйду на ул. Маршала Катукова. А вам на следующей надо выйти, сразу после меня.

-Хорошо. Спасибо большое.

-Не за что.

A4. Formal address:

Дамы и господа!

Господа!

For example:

Господин Байков (президент, посол, директор)...

Госпожа Петрова (премьер-министр)...

Господин / господа, сударь / сударыня

"Господин / господа" were official forms of address before the Soviet times. Nowadays these forms of address are used as well, but not in the same way they were used before the revolution of 1917. Today they are used to address business partners, entrepreneurs, bankers, politicians, etc. It is not a universal form of address господин / госпожа or сударь / сударыня used to be before the Soviet Union.

"Добрый день, уважаемые дамы и господа! Дорогие участники нашей встречи, друзья! Я искренне приветствую вас на Санкт-Петербургском форуме." Так начал свою речь Владимир Владимирович Путин на *16-ом Петербургском международном экономическом форуме.*

Товарищ (милиционер, лейтенант)!

Гражданин (водитель)!

(Дорогие) друзья (коллеги)...

Уважаемые коллеги (аспиранты, родители)...

Ваша честь – обращение к судье.

How to address a college professor in Russia

It is important to remember that, unlike in some cultures, where college and university instructors of any rank are addressed as «professor» or «professor + last name», in Russia it is customary to address college instructors by their first and patronymic names, regardless of their age. Sometimes instructors ask to call them by their first name only, but it is not common.

In Russia the word «профессор» is not synonymous to the word «преподаватель». Professor is a higher, more honorable title: if you are a student in Russia, your «преподаватель» might or might not be a «профессор».

Антонина Борисовна, мне очень понравилась ваша лекция! Вы мой любимый *преподаватель* в Питере!

От имени

Sometimes, if one addresses someone from somebody else (colleagues, parents, students, etc.) *от имени* is used:

Уважаемый Марк Аркадьевич, *от имени* всех родителей учеников 7Б класса, хочу поздравить вас с Днём Математика!

Товарищ / гражданин

Товарищ / гражданин (ка) were very common forms of address during the Soviet Union. After the collapse of the Soviet Union, Russians stopped using these forms of address, because they were associated with the Soviet regime. This is why there is no good way to address older people nowadays (see A3): *господин / госпожа* and *сударь / сударыня* didn't return in the same form they were used before the Soviet times, and *гражданин / гражданка* and *товарищ* outlived themselves. Today mostly people in uniform are addressed as *гражданин / товарищ*, just as they were in the Soviet era.

Read and analyze:

- Товарищ водитель, будьте добры, как мне от Казанского до Киевского вокзала доехать?
- Да вот сядьте в метро на Комсомольской и выйдите на Киевской: это станций пять по кольцевой линии.
- Долго ехать?
- Нет, минут 10 – 15.
- Большое спасибо!

A5. Reaction to the address:

Да?

Что?

А?

Name of a caller can be added, if known: Что, Наташа? Да, Ноночка?

(Я) слушаю (вас, тебя).

When not sure if they are addressing you:

Вы ко мне обращаетесь?

Вы меня спрашиваете?

Read and analyze:

В метро:

-Простите, вы выходите на следующей остановке?

-Вы ко мне обращаетесь?

-К вам.

- Нет, не выхожу. Давайте поменяемся [местами].

A6. Reaction to somebody's arrival:

Arrival of someone unexpected

Вы (не) меня ждёте?

У вас ко мне дело?

Вы (не) ко мне (пришли)?

Read and analyze:

-Вы не меня ждете?

-Вас. У меня к вам вопрос, Екатерина Евгеньевна. У вас есть минутка?

-Да, конечно. Проходите пожалуйста.

Someone is knocking on the door (office, most likely)

Да-да…

Секундочку (минуточку)!

Одну минутку (одну секунду)!

Входите (заходите), пожалуйста!

Подождите, пожалуйста!

The bell is ringing – someone is at the door

Кто там?

Most of the time Russians ask "Кто там?" before they open the door. It is customary to establish verbal contact with the visitor before one lets him/her come in. It is part of the Russian culture, especially in the big cities.

-Кто там?

-Это ваша соседка снизу, Ольга. Я за солью.

Тук-тук [стук в дверь].

-Кто там?

-Это я, почтальон Печкин. Принес посылку.

Inviting to come in:

Заходи(те), пожалуйста!

Проходи(те), пожалуйста!

Read and analyze:

-Привет, Галя! Прости, что пришёл к тебе без приглашения.

-Ничего, заходи, Том. Я не занята.

-Я хотел позвонить, но на телефоне деньги кончились.

-Проходи, пожалуйста, Том. Не извиняйся. Мы же друзья!

A7. Written address:

Addressing officials or people we don't know:

Уважаемый (многоуважаемый, глубокоуважаемый) is used in combination with either name and patronymic name or with Господин and the last name, Товарищ and the last name, or the name of the person's position or title. Многоуважаемый (глубокоуважаемый) *increases politeness effort: it is especially courteous. Using last name in combination with* Уважаемый *implies longer distance, whereas using name and patronymic name after* Уважаемый *implies established business relationship. If you write to someone you've never met, you are more likely to use his / her last name.*

Уважаемая Людмила Сергеевна,

Уважаемый господин Владимиров!

Уважаемый(-ая) господин (госпожа) президент (ректор, директор, or last name)

Многоуважаемый (глубокоуважаемый) господин (госпожа) редактор (профессор, or last name) –

Ваша честь! – так обращаются к судье.

Unlike in the American culture, where we say "dear" to colleagues, officials, professors, people we don't necessarily know personally, *Дорогой (-ая)* + name is used only if those we know well are addressed.

In written communication address is followed by a comma or an exclamation sign. After the former, do not capitalize the first letter of the text that follows, after the latter do.

Sometimes *Вы / Ваш* is capitalized in written correspondence. *Вы / Ваш* can be capitalized in personal correspondence to express extra respect to the addressee. It is not a rule, and it is quite subjective. Capitalized *Вы / Ваш* in personal correspondence sound extra polite. Capitalizing *Вы / Ваш* is more common in official documents and forms; in this case it is used, regardless of whether or not the writer would like to express additional respect to the addressee.

Уважаемый господин Владимиров!

Просим *Вас* ознакомиться с правилами нашей организации…

Addressing people we know:

Дорогой(-ая), милый(-ая), мой(я) любимый(-ая), мой(я) родной(-ая).

Sometimes greetings are added to the address phrases: Здравствуй, моя дорогая доченька!

Phrases that are commonly used in written responses:

Получила ваше письмо…

Спешу ответить на ваше письмо…

Я так рада получить от вас письмо (ваше письмо)…

Почему так долго молчали (не писали)?

Вы спрашиваете (пишете) о…. (if you intend to answer questions asked by the addressee).

У нас всё по-старому (без изменений, нормально).

Пишите почаще!

Пиши(те) скорее!

С нетерпением буду ждать ответа.

Надеюсь скоро получить от тебя весточку.

Черкани(те)[3], когда будет время (very informal, casual: to write something quick, just a few lines). *Drop me a line* is the closest English equivalent to *Черкани мне пару строк* (write me a couple of lines).

---

[3] Черкни is the correct Imperative form of the verb черкнуть. However, черкани is more likely to be used, if the form is used casually, and the meaning is "write me a quick note".

What to write at the end of the letter:

There are certain formulas for ending letters: some of them are formal, others are not. There is a growing tendency to put a comma after these formulas. For example:

Formal:

С уважением,

Иванова Марина Алексеевна

*Neutral (*can be either *Formal* or *Informal):*

Искренне ваш,

Пётр

С наилучшими пожеланиями,

Зоя и Павлик

Informal:

С любовью,

Катя

С нежностью,

Шурик

Read and analyze paying special attention to etiquette phrases and punctuation at the beginning and at the end of the letter:

Sample of a formal letter:

Уважаемая служба обслуживания клиентов магазина "Комус",

спасибо за интересный ассортимент товаров, предлагаемый вами. Я собираюсь сделать большой заказ товаров для моего бизнеса из вашего магазина и хотела бы знать, осуществляете ли вы прямую доставку из Москвы в Болгарию и могу ли я оплатить товары карточкой Visa.

Заранее благодарю вас и жду вашего ответа.

С уважением,

Госпожа Милкана Йорданова

Sample of a personal letter:

Милая Наташенька!

Спешу сообщить, что письмо с подарком получила. Спасибо огромное! В Москве сейчас очень холодно. Я готовлюсь к поездке на экскурсию в Париж. Очень надеюсь, что там теплее. Вы спрашиваете про кота Андрея Ивановича. У него всё прекрасно, передаёт вам привет. Ему будет 21 год в августе. Когда будете в Москве, не забудьте позвонить. Очень хотелось бы встретиться, сходили бы вместе в театр.

Искренне ваша,

Татьяна Ивановна

A8. Slang

Although slangy expressions are used by young people more often than by older generation, and by less educated / less cultured people more than by more educated ones, it wouldn't be fair to say that this is the language of only young, low, or disreputable people. Although younger people use slang more often, middle age people use slangisms as well: mostly humorously though, in conversations with close friends. It is good to know and be able to recognize and understand this language. However, most of the time, using this language is not a good idea, unless it is in a humorous context. Slang language always changes, old phrases give way to new ones. Therefore it is important to remember that some of the expressions offered in this volume might not be used any longer in a few years after the publication.

Borrowings, primarily from English, are an important part of the Russian slang nowadays. Here are some of them:

Сорри – извини(те),

Пардон – извини(те),

Плиз – пожалуйста,

Рульный – классный (рульный фильм)

Герла – девушка

Another broad slang category is existing words that acquire new meanings. Just like «cool» and «hot» can mean «impressive» or «good looking» in English, «крутой» (steep) can mean «*impressive*» in Russian. Here are some others:

Предки – родители,

Чувак – парень,

Яша (nickname for Яков) – поисковая система Яндекс

Phrases that express indifference (English: I don't care; Russian: мне абсолютно безразлично or всё равно):

Мне фиолетово,

Мне параллельно,

Мне по фиг(у),

Мне по барабану (this expression has been around for many years and is still widely used),

Мне до форточки[4] (до лампочки)

Some expressions of School / Student slang:

Алгеброид – учитель математики,

Банан – двойка, неудовлетворительная оценка,

Забить + на + Accus. – перестать обращать внимание на что-то (кого-то),

Лесопилка - Санкт-Петербургский государственный лесотехнический университет,

Общага – общежитие,

Хвосты – академические задолженности (не сданные вовремя работы, экзамены),

Химера – учительница химии.

---

[4] small ventilation window

Just like in English, there are SMS / IM / E-mail slangisms in Russian. They are used to simplify the language and to make correspondence faster. Many young Russians are familiar with expressions, such as LOL (acronym meaning «laughing out loud»), 4U (meaning "for you") or «JK» (just kidding). They use them in their correspondence with friends. There are similar slangy acronyms in Russian as well:

КМК – как мне кажется,

ПР – привет,

СПС – спасибо

B. Drills

B1. You are lost in Moscow, and you are asking for directions. Create mini- dialogs addressing people appropriately. Avoid repeating the same expressions. Use a different way to ask for directions every time.

-Товарищ водитель, простите пожалуйста, вы не знаете где остановка маршрутного такси до Киевского вокзала?

-До вокзала? Вон там, около магазина «Цветы».

-Спасибо большое.

-Пожалуйста.

People to ask:

Молодой мужчина

Молодая женщина

Мальчик (11 лет)

Девочка (12 лет)

Группа подростков

Женщина среднего возраста

Пожилой мужчина

Милиционер

Две молодые женщины

Places to ask about:

Цирк, станция метро Сокольники, музей Дарвина, зоопарк, дом номер 11, магазин «Петровский пассаж», кинотеатр «Художественный», Даниловский рынок, остановка 26 трамвая.

B2. Address the following people appropriately.

Обратитесь к:

Преподавателям и студентам, перед началом вашего доклада

_____

Профессору Данилу Валерьевичу Шемякину

_____

Милиционеру

_____

Израильскому послу в России (женщина)

_____

Главному редактору газеты «Аргументы и Факты» (мужчина)

_____

Судье областного суда

_____

Военному человеку

_____

Контролёру в автобусе

_____

B3. Now that you are in Russia, you have plenty of opportunities to practice Speech Etiquette: you have to address people, and you are often addressed by others. Create mini-dialogs:

Вы зовёте подругу Катю из соседней комнаты, вам нужен её совет. Катя вам отвечает.

_____

_____

Женщина в переполненном автобусе спрашивает вас: «Вы выходите на следующей [остановке]?» Вы не выходите.

_____

_____

Мужчина в переполненном вагоне метро спрашивает вас: «Вы выходите?», но вы не уверены, что он обращается к вам.

_____

_____

Вы ждёте профессора Алексея Сергеевича около его офиса, не договорившись о встрече: у вас к нему маленький вопрос. Профессор приходит и видит вас. Что он скажет? Что ответите вы?

_____

_____

Вы обращаетесь к пожилому человеку, чтобы узнать сколько времени.

_____

_____

Вы спрашиваете милиционера как проехать на выставку. Он объясняет.

_____

_____

Звонок в дверь. Вы открываете дверь Василисе, подруге вашей хозяйки Тони.

_____

_____

Вы спрашиваете мальчика в трамвае выходит ли он на следующей остановке. Он выходит.

_____

_____

Эскалатор в метро. С одной стороны стоят, с другой стороны идут. Вы идёте – вы торопитесь. Посередине пути - женщина среднего возраста с большим чемоданом. Вы не можете пройти. Что вы скажете? Что скажет она?

_____

_____

Вы видите девочку, которая стоит в опасном месте, где на неё могут упасть сосульки. Как вы к ней обратитесь? Что скажете?

_____

_____

В4. Представьте, что вы директор Международного Клуба на кампусе в России. К вам часто приходят студенты. Вы слышите стук в дверь. Назовите 3-4 варианта возможных ответов на стук в дверь:

_____

_____

_____

В5. Хозяйка попросила её американского гостя Скотта купить голландский сыр. Скотт приходит в магазин "Сыры" и понимает, что не знает, как обратиться к продавцу (продавец – женщина среднего возраста). У Скотта в голове вертятся несколько вариантов, но он не уверен, есть ли среди них правильный. Как вы думаете, какой вариант самый подходящий: Гражданка? Ваша честь? Девушка? Простите? Женщина? Госпожа продавец? Как Скотт должен обратиться к продацу в данной ситуации? Посмотрите на рисунок и придумайте мини-диалог:

Скотт:_____

Продавец:_____

Скотт:_____

Продавец:_____

Скотт:_____

Продавец:_____

C. Learning Scenarios:

Addressing strangers:

C1. Действующие лица[5] (5): американская студентка Лесли, пожилая женщина, молодой мужчина, полицейский, восьмилетняя девочка. Действие происходит[6]: Мичуринский проспект, Москва.

Лесли пригласили на день рождения к родственнику её хозяйки. Она не может найти дом номер 17 на Мичуринском проспекте. Лесли спрашивает пожилую женщину, молодого мужчину, полицейского, но они не знают где дом номер 17 на Мичуринском проспекте. Наконец, она спрашивает восьмилетнюю девочку, которая едет не велосипеде. Девочка знает, где дом номер 17 - она в нём живёт. Подумайте о самых подходящих вариантах обращений к героям сценки и реакциях на обращения. Разыграйте сценку.

C2. Действующие лица (3): американская студентка Линда, незнакомая женщина, работник «Ремонта обуви». Действие происходит: сперва на станции метро Тургеневская в Москве, потом в мастерской «Ремонт обуви».

Линду пригласили на вечеринку. Она едет в московском метро в туфлях на высоких каблуках. Линде надо выйти из метро на станции Тургеневская. Она поднимается на эскалаторе. Какой кошмар: у неё ломается каблук. Раньше у неё никогда не ломались каблуки. Линда стоит с туфлей в руке и не знает, что делать. К ней подходит незнакомая женщина и говорит, что прямо рядом с метро есть «Ремонт обуви», мастерская, где ей могут отремонтировать туфлю. Женщина предлагает проводить Линду туда. В мастерской Линде говорят, что туфля будет готова завтра, но ей не надо завтра, ей надо сегодня, сейчас! Что делать?

---

[5] Действующие лица - characters
[6] Действие происходит – the action takes place

Линда просит работника мастерской выполнить заказ сегодня (конечно, она должна объяснить, почему ей нужно так срочно отремонтировать туфлю). Как незнакомая женщина обратится к Линде? Что скажет Линда? Обдумайте детали и разыграйте две сценки.

Addressing people we know:

С3. Действующие лица (6 – can be more or fewer): американская студентка Диана, хозяйка Ольга Семёновна, сестра хозяйки Валентина Семёновна, сын хозяйки Антон, племянницы хозяки Ника и Света. Место действия: дача Ольги Семёновны в Жаворонках[7], под Москвой.

Семья Ольги Семёновны собирается на даче в Жаворонках на выходные. Американская студентка Диана жила в этой семье несколько месяцев и всех хорошо знает. Сперва Диана встречает хозяйку Ольгу Семёновну. Она

---
[7] *Larks*: the name of a dacha village (дачный посёлок) near Moscow.

собирала грибы и только что пришла домой. Потом Диана встречает сына хозяйки Антона на кухне (ему 9 лет), затем племянниц хозяйки Нику и Свету (ровесниц Дианы), собирающихся идти на озеро плавать, и наконец, Валентину Семёновну, читающую книгу в кресле-качалке. Диана обращается к каждому из них и немного говорит с каждым (идеи: хорошая погода, прекрасный подмосковный воздух, шашлыки, поход за грибами и ягодами, красивый огород Ольги Семёновны, любимые книги). Разыграйте сценку на даче.

С4. Действующие лица (3): американская студентка Кристал, её русские подруги Зоя и Вероника. Действие происходит: станция метро Университет в Москве.

Зоя и Вероника - русские подруги американской студентки Кристал. Три девушки неожиданно встречаются в метро по дороге в университет. Кристал замечает яркую кепку Вероники в толпе и зовет девушек (Кристал использует одно слово чтобы позвать обеих девушек). Они рады друг друга видеть. Зоя спрашивает Кристал, переписала ли она диск последних русских хитов, они говорят немного о том, какую музыку они любят слушать, потом вместе продолжают дорогу и говорят о том о сём. Придумайте разговор между тремя подругами.

Someone is knocking on the office door

С5. Действующие лица (3): преподаватель английского языка Карина, её студент Дима, подруга Карины Люда. Место действия: офис Карины.

Карина преподаёт английский язык русским студентам. Она ожидает студента Диму у себя в офисе, но когда он стучит в дверь, звонит телефон. Карина должна ответить: она ждёт звонка подруги Люды, которая вот-вот должна прибыть на Белорусский вокзал из Литвы. Она приглашает Диму войти и просит немного подождать. Быстро поговорив с Людой и пообещав встретить её на Белорусском вокзале через час, Карина переходит к беседе с Димой. Разыграйте сценку, используя подходящие фразы речевого этикета.

The bell is ringing: someone's at the door

C6. Действующие лица (2): американская студентка Хелен, сын её хозяйки Андрюша. Действие происходит: квартира хозяйки Хелен в Санкт-Петербурге.

Хозяйка Хелен очень много читает по-русски и по-английски. Сейчас Хелен одна дома, она рассматривает книги в библиотеке хозяйки: наряду с русскими писателями, в её библиотеке Хемингуэй, Марк Твен, «Великий Гэтсби» Фицджеральда. Звонок в дверь. Хелен идёт к двери и пытается вспомнить фразу, которую хозяйка учила её говорить, когда она открывает дверь. Пришёл Андрюша, сын хозяйки. Хелен и Андрюша говорят немного о разнообразии книг в их домашней библиотеке и о том, что они любят читать. Разыграйте сценку.

D. Written assignments:

D1. Напишите записку вашему профессору. В записке выразите просьбу выделить время для вашего сценария на следующем занятии. Вы репетировали сценку несколько раз и очень хотели бы, чтобы ваш профессор посмотрел как вы хорошо подготовились.

D2. Давно не виделись! Ваша подруга Алла из Санкт-Петербурга собирается путешествовать по восточному побережью: от Бостона до Вашингтона. Напишите ей, что вы бы очень хотели встретиться, когда она будет в вашем городе, объясните почему. Алла пишет вам ответ. Напишите два письма.

D3. К вашей хозяйке заходил кто-то из домоуправления[8], пока её не было дома. Вы не можете ей дозвониться. Перед тем, как уйти из дома, оставьте ей записку. Не забудьте написать имя и номер телефона человека из домоуправления.

D4. Мирон учится в Москве, изучает зоологию и русский язык. Он пишет письмо директору московского зоопарка Спицину Владимиру Владимировичу с просьбой разрешить ему работать в зоопарке с млекопитающими животными (mammals) во время его пребывания в Москве. Директор зоопарка пишет ответ Мирону. Сочините два письма.

D5. Вы будете представлять ваш университет в студенческом телемосте "Америка-Россия". Вы знаете, что у вас будет возможность спросить русских студентов из Академии Народного Хозяйства, что они думают об американцах, а также о том, как трудно студентам, окончившим высшие учебные заведения, найти работу. Вы также хотите задать несколько других вопросов (подумайте, что ещё вы хотели бы спросить). У вас будет мало времени, и вы хотите хорошо подготовиться. Как вы обратитесь к русским студентам, как представитесь, как зададите вопросы? Напишите ваше обращение и вопросы в тетради.

D6. Студентка университета Огайо Тами учится в Петербурге. Она пишет письмо родителям, сообщая, что семестр заканчивается, и она скоро возвращается домой в Огайо. У Тами смешанные чувства по этому поводу. Она объясняет родителям почему. Напишите два письма: от Тами родителям и от родителей Тами.

Read the letters below (D7, D8). They are written in response to someone else's letters. Make up the letters these people were responding to. Use your imagination and proper etiquette expressions.

---

[8] Approximate English equivalent: building management office.

D7.

Дорогой Петя,

Спасибо за то, что Вы не забываете нас. Нам было очень приятно получить от Вас письмо. У нас с Аркадием всё в порядке. Да, опять планируем сдавать второй этаж на лето. Так что, добро пожаловать в Анапу[9] – будем рады.

Обнимаем,

Рая и Аркадий

D8.

Уважаемый Данил,

Мне и моим коллегам очень понравились Ваши стихи. Мы бы хотели опубликовать их на нашем сайте poem4you.ru Мы вышлем Вам логин, пароль и инструкцию по добавлению стихотворений на сайт. Спасибо Вам большое за участие.

Желаю дальнейших творческих успехов!

Роман Звёздочкин,

Главный редактор

---

[9] Анápa is a resort town, located on the northern coast of the Black Sea, near the Sea of Azov.

II. **- Алло, это зоопарк?   - Вы ошиблись номером.**

How to communicate over the phone

A. Etiquette phrases, expressions, and commentaries

A1. <u>Answering the phone</u>:

Private residence:

-Алло![10]

-Аллё! / Алё! (synonymous to Алло, and although Алло is not formal, Аллё! / Алё! are even less so, it is more relaxed and playful)

-Да!

-(Я) слушаю!

Institutions:

Sometimes respondent names the place/institution we're calling, his /her name/last name, or both:

-Кинотеатр Улан-Батор.

-Шишкин (слушает).

-Институт автоматики. Соколовский (у телефона).

In the US this is very common; in Russia, however, it doesn't happen at all times, and clarification might be necessary.

Clarification:

(Простите, извините), это....?

---

[10] The word *Hello*, as a telephone greeting, was created by Thomas Edison in 1877. Phone greetings that sound similar are found in many languages. In Russian *Hello* is transformed into *Алло*.

Read and analyze:

a.

-Да.

-Простите, это кафедра клинической психологии ?

-Да, чем могу вам помочь?

b.

-Слушаю вас.

-Добрый день. Это цирк?

-Нет, это Министерство культуры.

Communicating purpose of the call:

Извините (простите) пожалуйста, я звоню *по поводу* билетов в цирк.

Я хотел бы *заказать* билеты (места, столик на двоих).

Не подскажете, *во сколько* отходит утренний поезд в Ригу?

Я хотела бы *узнать расписание* футбольных игр на следующую неделю.

A2. Common starter phrases and responses:

Starter phrases:

-Алло, здравствуйте! Можно (попросить) Катю? (informal)

-Позовите, пожалуйста, Марину Альбертовну. (informal)

-Вас беспокоят из Кремлёвского Дворца Съездов (formal).

-Вам звонят из Университета имени Герцена (formal).

-С вами говорит менеджер агенства «Давс» (formal).

Response to the caller, if the person is available:

-Это я (Я слушаю) or

-Сейчас позову.

-Минуточку (секундочку).

-Сейчас он(она) подойдёт.

You know that someone you are calling is on the phone:

Удобно говорить?

Занят (а)?

Можешь (можете) говорить?

Я на минутку.

Я на одно слово.

Response to caller if the person is not available:

(А) Кати нет (дома)

Катя вышла.

Что ей передать (ей что-нибудь передать)?

Перезвони(-те) (попозже) пожалуйста.

Вы можете (не могли бы) позвонить попозже?

Caller's response:

Передайте (скажите) ей (пожалуйста), что звонил Олег.

Пусть она позвонит Олегу.

Скажите ей, пожалуйста, позвонить Олегу.

Я позвоню попозже (позднее).

When you didn't hear what was said:

Вы не могли бы повторить?

Простите, я не расслышал (а).

Извините, я не понял(а), что вы сказали.

When you call at an inappropriate time:

Прошу прощения за то, что беспокою вас так поздно.

Извните, пожалуйста, за то, что я звоню в выходной день.

Простите, пожалуйста, за ранний звонок.

When the wrong number is dialed:

Вы ошиблись (номером)

Вы не туда попали.

У нас (здесь) таких нет.

Вы неправильно набрали номер.

If disconnected:

Нас разъединили (прервали).

A3. <u>Finishing a phone conversation</u>:

If you want to wrap up a conversation:

Хорошо….

Ладно….

Ну, что же….

These are just a few initial words that are very common and are usually followed by a statement, a suggestion to follow up, an explanation why one of the speakers is busy, etc. Some of these phrases are as follows:

If you are busy:

Очень приятно с вами разговаривать, но…

Очень рад вас слышать, но…

(Извините) мне надо идти (more formal)

(Ой)(Прости) мне надо бежать (more informal)

Suggestions to follow up:

Давай созвонимся на следующей неделе

Давайте обсудим это через несколько дней

Я тебе (вам) позвоню в понедельник

Позвони, если у тебя будет новая информация

Phrases from chapters on giving and receiving thanks (XII) and on saying good-bye (XIII) are also very important in understanding the etiquette of phone conversation and creating conversations of your own.

A4. Communicating to people wanted on the phone:

Request to pick up the phone:

Никита, вас (тебя) к телефону!

Рому к телефону (if saying to someone other than Рома).

Ульяна Сергеевна, это вас!

Response:

Спасибо!

Иду!

Сейчас подойду!

Read and analyse:

Секретарь	- Фирма «Мелодия». Доброе утро!
Валерий	- Здравствуйте. Можно попросить Розу Пронину?
Секретарь	- Секундочку.
	- Роза! [Rosa is not answering]. Анна Витальевна, вы не видели Розу? Она только что здесь была...
Анна Витальевна	- Нет, не видела.
Секретарь	- Похоже, что Роза вышла. Что ей передать?
Валерий	- Пусть она позвонит Валерию Шапкину.

Секретарь	- Простите, я не расслышала.
Валерий	- Передайте, пожалуйста, Розе, что звонил Валерий Шапкин. Пусть она мне позвонит.
Секрктарь	- Обязательно передам.
Валерий	- Спасибо большое!
Секретарь	- Пожалуйста. До свидания.

☺

- Алё, Васю можно?
- Васи нет дома. Что ему передать?
- Передайте ему, пожалуйста, тысячу рублей от Пети.

☺

- Риточка, как ты так быстро закончила разговор: всего за 15 минут!
- Я не туда попала.

B. Drills

B1. You are calling an office/institution. The lady on the phone says: «Алё». Clarify whether it is:

Студия бальных танцев_____

Театральная касса_____

Магазин «Тик-так»_____

Кафедра биологии_____

B2. Create mini-dialogs. You are calling an office /institution. Explain the purpose of your call when you hear the following response:

-Касса Большого театра. Я вас слушаю.

_____

-Магазин «Подарки».

_____

-Кинотеатр «Салют». Слушаю вас.

_____

-Каппучино Экспресс.

_____

-Такси.

_____

B3. What would you say in the following situations:

1. -You are calling your friend Zoya. Her roommate Rita picks up the phone. You want to talk to Zoya. Start a conversation.

   _____

2. -Someone is asking to talk to your roommate Dina. Dina is available. What do you say to the caller?

   _____

3. -Someone is calling your roommate Marina. Marina is in the library. How would you respond to the caller?

   _____

4. -You are calling your friend Tonya. Her mom says Tonya is not home. Ask Tonya's mom to let Tonya know you called. How would you tell her you'll call later? And how would you communicate that you'd like Tonya to call you, when she comes home?

   _____

   _____

5. -Someone calls your cell phone for the second time and asks whether It is "Ремонт часов". How would you respond (give at least two possible answers).

   _____

   _____

6. -You were talking to your professor Valeriy Olegovich and got disconnected. What do you say when you call him back?

   _____

7. -Your hostess's son Borya is wanted on the phone. Ask Borya to pick up the phone (give at least two options).

   _____

   _____

8. -You are wanted on the phone. Your host is asking you to pick up the phone. What should you say? (give at least two possible responses).

   _____

   _____

C. Learning Scenarios:

C1. Действующие лица (2): американский студент Стив, оператор справочной службы.

Стив планирует сходить в Московский цирк и в Большой театр во время своей последней недели в Москве. Он хочет посмотреть адрес и телефон театра и цирка в Интернете, но какая неприятность – связи нет, Интернет не работает. Придётся воспользоваться старым методом: телефоном 09 (справочная служба). Стив разговаривает с оператором справочной службы и получает нужную информацию.

C2. Действующие лица (3): американская студентка Джейн, работник гостиницы Садко, служащая Новгородского театра драмы.

Джейн звонит в гостиницу Садко в Новгороде, чтобы заказать номер на два дня для себя и подруги. Потом она звонит в Новгородский театр драмы, чтобы заказать билеты на гала-концерт фольклорных ансамблей. «Слушаю» - отвечает женский голос в театре, Джейн не уверена, театр ли это. Что она скажет для того, чтобы уточнить? Придумайте два разговора.

C3. Действующие лица (3): американская студентка Марта, её друг Гена, брат Гены Макс.

Американская студентка Марта узнала, что в её город приехал её русский друг Гена со своим братом. Она хочет позвонить Гене и предложить ему встретиться. Она набирает номер его гостиницы, к телефону подходит брат Гены (Марта с ним не знакома) и зовёт Гену к телефону. Гена свободен в субботу и очень рад, что Марта может показать город им с братом. Они договариваются о встрече. Придумайте ситуацию: что скажет Марта Марку, Марк Гене, Гена Марку, и, наконец, Гена Марте?

Составьте план сценки, напишите главные фразы, которые вы будете использовать. Разыграйте сценку.

1) Марта ---------- Марк
_____
_____

2) Марк ----------- Гена
_____
_____

3) Гена ----------- Марк
_____
_____

4) Гена ------------ Марта
_____
_____

С4. Действующие лица (2): Лариса, мама её друга Лёвы Зинаида Ивановна.

Лариса звонит другу Лёве, но его нет дома. К телефону подходит мама Лёвы. Повторите выражения телефонного этикета и составьте телефонный разговор между Ларисой и Зинаидой Ивановной. Какие вопросы, скорее всего, будут частью их разговора?

С5. Действующие лица (4): аспирант Жора, его знакомая Кара, секретарь кафедры французского языка Дора, профессор кафедры Люсьен.

У аспиранта Жоры есть знакомая Кара, которая работает на кафедре французского языка в Педагогическом институте. Жора звонит Каре на работу и думает, что к телефону подошла Кара, но это не она, это секретарь кафедры Дора. Дора знает, что Кара где-то близко, она её только что видела. Дора спрашивает Люсьена, Люсьен зовёт Кару. Кара подходит к телефону и разговаривает с Жорой. Разыграйте сценку, которая состоит из четырёх разговоров. Придумайте разговор Жоры с Карой и включите его в вашу сценку.

Составьте план сценки, напишите главные фразы, которые вы будете использовать. Разыграйте сценку.

1) Жора ---------- Дора

_____

_____

2) Дора ----------- Люсьен

_____

_____

3) Люсьен ---------- Кара

_____

_____

4) Кара ------------- Жора

_____

_____

III. Какая приятная встреча! Какими судьбами!
How to greet those we know and those we don't

A. Etiquette phrases, expressions, and commentaries

A1. <u>Common phrases</u>:

Здравствуй(те)!

Добрый день!

Доброе утро!

Добрый вечер!

Привет!

Здоро́во! (rude, unless said with a touch of humor to someone you know well).

Хай! (borrowing from English)

A2. <u>Stylistically elevated (often to officials)</u>:

Приветствую (вас)!

Рад (позвольте) вас приветствовать!

Приветствую вас от имени…

«Уважаемые акционеры! Искренне и сердечно *приветствую вас от имени* совета директоров, правления и всех сотрудников нашего акционерного общества[11]…» - так обратился генеральный директор акционерного общества «Башинформсвязь» к акционерам.

Добро пожаловать… (welcome)

Добро пожаловать в Санкт-Петербургский кукольный театр Сказки!

---
[11] Акционер – shareholder, stockholder

A3. <u>Phrases that follow greetings:</u>

Addressed to people we know well:

Как живёте (живёшь)?

Как жизнь?

Как поживаете (поживаешь)?

Как (идут) дела?

Что нового (какие новости)?

Как успехи?

Что слышно?

If someone had medical problems/was sick:

Как вы(ты) себя чувствуете (-ешь)?

Как самочувствие?

Read and analyze:

How are you is often used as a greeting in the American culture. Its Russian equivalent *Как дела*, however, is not supposed to be used to greet people, and transferring this phrase from English to Russian results in awkward communication. Question *Как дела?* is taken literally in the Russian culture, and someone who asks this question, should expect to get a response.

We usually translate *Hi* as *Привет*, and *Hello* as *Здравствуй(те)*. Although this is very basic vocabulary, the difference in appropriateness of using these phrases in American and Russian cultural contexts might not be obvious. For example, it is perfectly all right to say *Hi* to a senior person in America, but it is not appropriate to say *Привет* to a senior person in Russia, unless this is a family member or someone you know well.

Americans are more spontaneous than Russians, less preoccupied with hierarchy. In interpersonal communication between professors and students, or young and elderly, rank and age seem to be more important in the Russian culture.

Americans tend to be more "open" and enthusiastic in response to *How are you doing?* / *Как дела?* than Russians (when the phrase is used not as a greeting, but as an informal inquiry about how someone is doing) : an average American is likely to give an optimistic response, even if things are not that great, whereas an average Russian would be more likely to give a neutral response, even if everything is going well. These distinctions have to do with the differences in psychological and cultural make-up of Russians and Americans. Strategy "Being neutral" is used quite elaborately by Russians to ward off inflicted injury or bad luck. Although most people are not superstitious, there is a "default belief" that if one says that life is great when it really is, life might just take a turn to the worse.

A4. <u>Responses:</u>

If all is well:

Неплохо.

Нормально.

Ничего.

Всё в порядке.

Не жалуюсь.

Хорошо.

Замечательно.

Прекрасно.

If all is average. Neutral response:

Ничего.

Как будто (кажется) ничего.

Ничего особенного.

Ничего нового.

Да как сказать? (neither good nor bad, or something is going well, whereas other things are not going well at all)

Трудно сказать.

Всё по-старому.

Всё как всегда.

Лучше некуда (лучше быть не может) – ironic / sarcastic (equivalent of *can't be better*).

All is not good, or all is bad:

Неважно.

Ничего хорошего.

Так себе.

Плохо (Плохие дела).

Ужасно.

Скверно.

Отвратительно.

Лучше не спрашивай!

Хуже некуда (не придумаешь) – it can't be worse.

Из рук вон плохо (idiom) – «out of hands» implies out of control.

Не ахти как (idiom) – a close English equivalent is *It is far cry from perfection*.

Хреново (slang).[12]

Most of the time we hear "Спасибо, хорошо", "Спасибо, всё в порядке". Most people choose not to elaborate on what's going on in their lives, although if people know each other well and have time to talk, a conversation about how things are is quite appropriate.

Returning the question:

(А) как у вас (тебя) дела?

(А) у вас (тебя) что нового?

(А) у вас (тебя) что слышно?

A5. Expression of happiness/surprise to see someone unexpectedly:

Happiness:

Я так рада вас/тебя видеть (как я рада вас /тебя видеть)!

Surprise:

Какая (приятная, неожиданная) встреча!

Вот так встреча!

Какая неожиданность!

---

[12] Хрен – horseradish. The root of this plant is used in cooking (for sauces). It is hot, pungent, strong, and sometimes enough to make one's eyes water.

Не думал (не ожидал) вас (тебя) здесь встретить.

Как ты здесь оказался (-ась)?

Как ты сюда попал?

Какими судьбами?

Лёгок (легка) на помине! (если только что с кем-то говорили о том человеке, которого встретили)

Expressions of surprise that are sometimes used <u>before</u> or instead the actual greeting and <u>before</u> other expressions of surprise:

Кого я вижу!

Какие люди! (exclamation, similar to Look who is here!)

Знакомое лицо!

For example:

-Кого я вижу! Лёшка! Как ты здесь оказался?

If people haven't seen each other in a long time:

Как давно я вас (тебя) не видел(-а)!

Давно (давненько) (мы) не виделись!

Мы сто (тысячу) лет не виделись!

Сколько лет, сколько зим!

Ты где пропадал(-а)?

A6. <u>Expressions during expected meetings:</u>

Someone who comes later:

Извини(те), я опоздал(а).

Я не опоздал(а)?

А вот и я.

(Вы) давно ждёте? (Ты) давно ждёшь?

Someone who was waiting:

Вы пришли вовремя (if the one who came later wasn't late).

Ничего страшного (я сам/а только что пришёл/пришла) (If the one who came later was late).

Лучше поздно, чем никогда.

А вот и ты (вы).

Greater variability in greetings and in phrases that follow greetings is observed when we communicate with people we know well: family, friends, and acquaintances. Expressions used to greet older people, people higher in rank, college professors, school teachers, and people we don't know are not that many.

A7. <u>Ending a conversation:</u>

Both in Russian and in English we usually say something in order to end a conversation before we say good-bye. Usually we say that we have to go, that it was very nice to see the person we are talking to, etc.

Извини, мне надо бежать (идти).

(Ой), я опаздываю. Извини(те).

Извини (прости). Я тороплюсь.

Often a brief explanation is added. For example:

Простите, Надежда Семёновна, я тороплюсь. У меня поезд в 10 часов.

Вань, извини, мне надо бежать. Мне надо хлеба купить, а магазин через 5 минут закрывается.

Зоечка, прости, я на лекцию опаздываю.

Often Russians would add a phrase that indicates a meeting in the future or signals staying in touch. It depends on the situation or on whether they like the person they talk to. If they do, they have a tendency to establish a "channel of communication". See chapter XIII for many phrases that might follow saying good-bye. Here are a couple of examples:

Олечка, ну я побежала. Ты мне сбрось смс-ку. Может, в кафе сходим в субботу.

Саша, не пропадай. Будем держать связь.

Read and analyze the dialogs:

1.

Филипп и Наташа живут в соседних домах с детства. Обычно они часто видят друг друга. На этот раз, они не видели друг друга несколько месяцев. Они очень рады встрече на улице.

- Филипп, привет!

-Наташа! Сколько лет, сколько зим!

-Давненько мы не виделись. Ты где пропадал?

-Всё лето в Америке работал. Вот, только что приехал, два дня назад. Как поживаешь?

-Нормально. Не жалуюсь.

-Как родители?

-У них всё по-старому. Ходят на работу, ездят на дачу.

-А мои сейчас в Индии, в туристической поездке.

-Вот это да! Везёт же им!

-Ой, извини, мне надо бежать. Опаздываю на встречу. Слушай, давай как-нибудь встретимся, посидим где-нибудь, на выставку сходим.

-С удовольствием, ты мне об Америке расскажешь… Давай я позвоню тебе в выходные.

-Договорились. Буду ждать. Пока.

-Ну давай.

2.

a.

-Извини, Катюша, я опоздал, на работе задержали.

-Ничего-ничего. Я сама только что пришла.

b.

-Олечка, а вот и я. Привет! Я не опоздала?

-Нет, ты пришла вовремя.

c.

-Ритуль, прости пожалуйста. Ты давно ждёшь?

-Минут десять, наверное.

-Ой, извини, что заставил тебя ждать. Переход был закрыт на Новокузнецкой, кошмар какой-то. Пришлось выходить из метро и ехать на троллейбусе.

-Ну главное, что появился. Лучше поздно, чем никогда.

3.

-Кого я вижу! Джон! Какая встреча! Какими судьбами?

-На стажировку приехал. Какая неожиданность! Не думал тебя здесь встретить, Зоя.

-Мы сто лет не виделись. Ну, рассказывай! Надолго приехал?

-На год. Очень рад опять пожить в Питере. Это мой любимый город. Как ты поживаешь?

-Замечательно. Наконец нашла работу, которой по-настоящему довольна. Всё очень хорошо.

-Зой, я на работу спешу. Давай созвонимся, поболтаем.

-Обязательно. Будем держать связь.

4.

-Привет, Марин.

-Доброе утро, Сонь.

-Как дела?

-Лучше не спрашивай!

-А что? Что-нибудь случилось?

-Да, лингвистику не сдала, пересдавать придётся. Не было печали[13]…

-Ну что же тут поделаешь? Пересдашь значит. Всё будет хорошо.

---

[13] Part of the proverb "Не было печали, так черти накачали!» - expression of disappointment that something bad (problem, difficulty, obstacle) happened unexpectedly.

-А у тебя что слышно?

-Да, как будто ничего. Всё как всегда.

5.

-Здорово, Витя! Как жизнь?

-Нормально. А у тебя как? Что нового?

-Много чего, сразу не расскажешь.

-Ну расскажи хоть чуть-чуть.

-Вот женился недавно. Мы с женой квартиру купили.

-Вот это да! Поздравляю. Познакомишь с женой?

-Конечно. Приходи в гости. Мне сейчас бежать надо. Давай я тебе позвоню вечером и мы обо всём договоримся.

-Договорились.

-Ну давай!

6.

-Здравствуй, Рэчел.

-Привет, Рита. Как поживаешь?

-Неплохо. А у тебя что слышно?

-У меня - приятные новости! Через пять дней уезжаю в командировку в Турцию.

-Вот это да! Я тебе завидую.

-Доброе утро!

-Хай! Как дела?

-Дела прекрасно.

-Прекрасно, говоришь? Ничего-ничего, понедельник это исправит.
Понедельник – день тяжёлый!

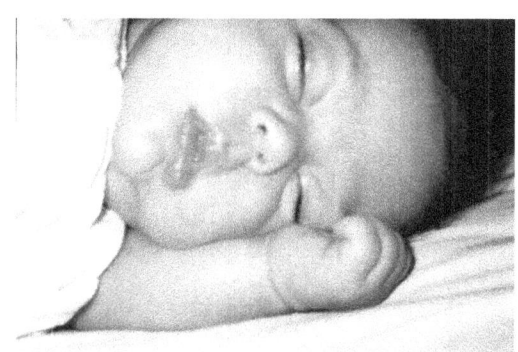

Разбудите меня в пятницу!

-Валерка, привет, дружище! Сколько лет, сколько зим!

-Две зимы, два лета, и ещё два месяца. Когда ты мне деньги вернёшь, Саня?

B. Drills

B1. <u>Greet the following people. Offer two different greetings every time.</u>

Review Chapter I before doing this exercise. Formal address section (A4) will remind you how to address college professors.

Your professor Дмитрий Анатольевич

_____

_____

Your classmates before beginning of the lecture

_____

_____

Your friend Алёна

_____

_____

Professors and students before you start an important presentation

_____

_____

B2. <u>Ask your friend Алёша</u>:

О жизни

_____

О делах

_____

Об успехах

_____

О здоровье (вы знаете, что он болел)

_____

B3. <u>Your neighbor Андрей asks you: *Как дела?* Respond: give at least a couple of options each time.</u>

You're doing great

_____

You're O.K., things could be better

_____

You're not doing well

_____

Respond and return the question

_____

B4. What would you say? Try to use different expressions every time.

1. You are taking a tour of the Kennedy Space Center (Florida) with your family. You meet your friend from Moscow Dima on this tour. It's a small world! Express surprise.

_____

_____

_____

2. You haven't seen your friend Klara in a long time, although you both live on campus. You are surprised you haven't seen each other that long.

_____

_____

3. You are five minutes late to a meeting with a group of friends. What would you say?

_____

_____

4. You agreed to meet with Ron to work on a project together. He comes 20 minutes late and apologizes. What would you say?

5. You meet your friend Alla in a coffee shop. You would love to chat with her longer, but you have to go. How would you wrap up a conversation with Alla? (give at least two options).

_____

_____

C. Learning Scenarios

Unexpected meeting:

C1. Действующие лица (2): американская студентка Сюзан, профессор Мария Аркадьевна. Действие происходит: книжный магазин «Liberte».

Сюзан встречает своего преподавателя Марию Аркадьевну в книжном магазине «Liberte» в Петербурге. Сюзан любит русских художников (особенно Кандинского и Гончарову), она иногда приходит в «Liberte», чтобы посмотреть, не вышли ли новые книги об этих художниках или альбомы по искусству. Разыграйте диалог между Марией Аркадьевной и Сюзан.

C2. Действующие лица (2): студентка Фрэнсис, её друг Олег. Место действия: московский трамвай.

Фрэнсис едет на трамвае в университет, и (какая неожиданность!) на одной из остановок в трамвай заходит её друг Олег. Фрэнсис очень давно не видела Олега. Вот только час назад, Фрэнсис и её хозяйка завтракали вместе и вспоминали друга Фрэнсис Олега. «Я его очень давно не видела, надо ему позвонить», - сказала Фрэнсис хозяйке.

Разыграйте диалог между Олегом и Фрэнсис (подумайте какую фразу можно использовать в ситуации, когда вы встречаете человека, которого недавно вспоминали).

С3. Действующие лица (2): студентка Рита, её американский друг Майк. Действие происходит: Москва, ГУМ.

Рита очень любит гулять по праздничному, наряженному к Новому Году, ГУМу. Ей кажется, что это самый красивый магазин в Москве. Она купила свой любимый шоколад и пошла покупать мороженое. Вдруг она видит знакомое лицо! Ну, точно – это Майк. Его не было в университете недели две. Рита слышала, что он болел. Майк покупает мороженое и подходит к Рите. Они разговаривают об учёбе, о ГУМе, и о том, какое вкусное в ГУМе мороженое. Составьте диалог.

C4. Действующие лица (2): американская студентка Хана, русская программистка Алёна. Действие происходит: международный аэропорт Рейкьявика (Исландия).

Мир тесен! Американская студентка Хана летит из Москвы в Нью-Йорк через Рейкьявик. Её знакомая, русская программистка Алёна, летит из Москвы в Канаду через Исландию. Какое невероятное совпадение! Алёна, ты ли это? Хана и Алёна очень удивлены встрече в Рейкьявике. Они разговаривают о ближайших планах и о том, когда они опять встретятся в России. Разыграйте сцену встречи.

FI454	London Heathrow	17:00	KIOSK On Time
FI631	Boston Logan Intl	17:00	27 - 37 On Time
FI615	New York JFK	17:05	27 - 37 On Time
FI689	Orlando Sanford Intl	17:25	27 - 37 On Time

С5. Действующие лица (3): американские аспиранты Брус и Кевин, русский бизнесмен Андрей. Действие происходит: Красная Площадь, Москва.

Год назад Брус и Кевин проходили стажировку в Москве, в рекламном агенстве. Там они познакомились с Андреем, преуспевающим специалистом по рекламе. Молодым людям так понравилась Москва, что они вернулись туда через год, чтобы поработать в другом агенстве. Это неудивительно. Удивительно то, что, идя через Красную Площадь, они встречают Андрея. Они очень рады друг друга видеть. Разыграйте диалог.

Planned meeting:

С6. Действующие лица (2): студенты Максим и Света. Действие происходит: автобусная остановка на Тверском бульваре в Москве.

Максим и Света слушают один и тот же курс по экономике. Света пропустила две лекции и попросила у Максима копии материалов, которые раздавал профессор на занятиях. Они встречаются на атобусной остановке на Тверском бульваре в субботу. На улице холодно. Света опаздывает на 5 минут. Разыграйте сценку их встречи.

С7. Действующие лица (2): американский студент Том, подруга Тома Лена. Действие происходит: квартира Лены.

Лена пригласила Тома на день рождения. Том мог ехать на троллейбусе или на метро. Он решил ехать на троллейбусе, чтобы смотреть в окно и любоваться Москвой. Да, есть какой-то особенный шарм в поездке на троллейбусе (когда он не переполнен). Увы! Троллейбусы иногда ломаются. Водитель вышел из троллейбуса и залез на крышу. Водитель долго ремонтировал троллейбус, пассажиры терпеливо ждали. Том на целый час опоздал на день рождения к Лене. Разыграйте сцену встречи Лены и Тома.

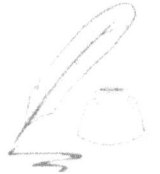

D. Written assignments

D1. Вы только что вернулись из России и пишете письмо петербургской подруге Вале. Скажите несколько слов о вашей жизни в Америке, спросите Валю о её жизни и занятиях, скажите, планируете ли опять приехать в Россию. У Вали есть две собачки – Чапик и Лапик. Вы очень любили гулять вместе. На вашем столе стоит фотография, которая напоминает вам об этих прогулках. Напишите письмо Вале и ответ от Вали вам.

D2. Напишите письмо вашему любимому преподавателю Светлане Анатольевне. Вы думаете, что без неё ваша поездка в Россию не была бы такой насыщенной и интересной. Поблагодарите её за знания и любовь к русскому языку, которыми она с вами делилась. Не забудьте упомянуть экскурсии в Кижи и в Троицкий Собор, на которые вы ездили вместе. Вы часто вспоминаете эти поездки. Светлана Анатольевна отвечает вам. Каким будет её ответ? Напишите два письма.

Кижи

Троицкий Собор

Read the letters below (D3 and D4). They are written in response to someone else's letters. Make up the letters these people were responding to. Use your imagination and proper etiquette expressions.

D3.

Привет, Филипп!

Ну наконец ты написал нам с мамой! Я рада, что ты хорошо добрался до дома. Моя мама уже начала волноваться и просить меня тебе позвонить. Она очень рада, что у тебя всё в порядке и просит тебе передать, чтобы ты обязательно приезжал к нам в гости опять. Давай держать связь. Не пропадай!

Желаю хорошо начать учебный год!

Нина

D4.

Милый Сашенька!

Вчера получила от тебя письмо, очень была рада, что ты наконец написал. Ты спрашиваешь о даче. Ты знаешь, мы всё ещё ездим на дачу в Жаворонки каждые выходные. Никак не закончим дачный сезон, а ведь уже ноябрь! Есть свои прелести в выездах на природу зимой. Красная рябина[14] покрыта снегом: такая красота! В доме тепло, по вечерам мы играем в шахматы. Напиши поподробнее, как жизнь в Петербурге, а когда будешь в Москве весной, обязательно съездим в Жаворонки вместе.

Обнимаю,

Карина Давидовна

---

[14] Ash trees

IV. Позвольте представиться...
Etiquette of meeting people and introducing others

A. Etiquette phrases, expressions, and commentaries

A1. Personally (without third person)

Informal circumstances:

Давайте знакомиться (познакомимся).

Будем знакомы.

Я хотел(а) бы (мне хотелось бы) с вами познакомиться

Меня зовут +name. А вас (тебя)?

(А) как вас (тебя) зовут?

(А) как ваша (твоя) фамилия?

Как ваше имя и отчество (имя-отчество)?

Formal circumstances:

Разрешите (позвольте) (с вами) познакомиться. Я (меня зовут) + name.

Разрешите (позвольте) (вам) представиться. Я (меня зовут) + name.

Простите, я не знаю вашего имени-отчества.

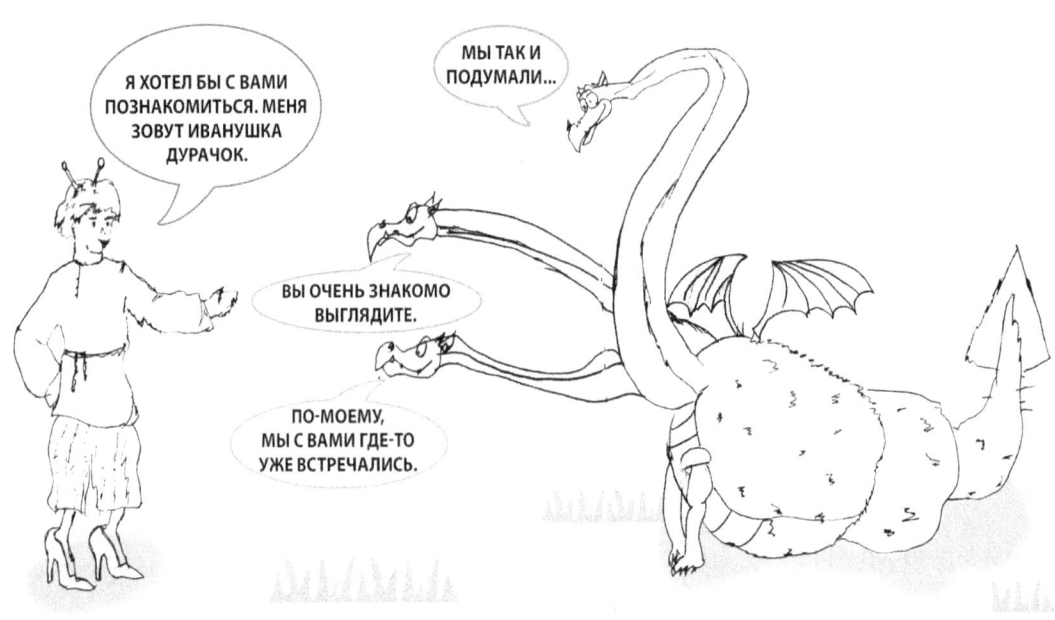

A2. Introducing someone:

Познакомьтесь, пожалуйста. Это + name.

Познакомьтесь, пожалуйста. Это моя первая учительница Александра Никитична, самая лучшая учительница в мире!

Рад(а) познакомить вас (тебя) с + Instrumental

Рад познакомить вас с нашим новым менеджером, Романом Шевелёвым.

Знакомьтесь…

-*Знакомьтесь.* Это Лиза. Она единственная девушка в нашем боксерском клубе. Глядя на неё, ни за что не скажешь, что эта стройная девушка - боксёр!

Познакомьтесь с +Instrumental

-*Познакомьтесь с* моими родителями. Антонина Яковлевна и Константин Вадимович.

Я хочу (мне хотелось бы) познакомить вас с +Instrumental

-*Мне хотелось бы познакомить вас с* моим тренером по гимнастике Антоном Беляевым.

Read and analyze:

Жора: - Приветик, Танечка!

Таня: - Добрый день, Жорик!

Жора: - А это мой младший брат Витюха. Рад вас познакомить. Витя, это Таня, моя подруга по художественной студии.

Таня: - Очень приятно, Виктор. Жора часто вас вспоминает.

Виктор: - И мне очень приятно, Таня. У вас очень красивое имя.

Жора: - Да, Таня, мой брат умеет льстить.

Таня: -Вот и прекрасно! Я люблю комплименты.

Жора: - Ну, ладно, увидимся. Мы с Витьком опаздываем на банкет.

Таня: - Пока, Виктор. Увидимся, Жорик. Желаю хорошо повеселиться.

Formal:

Позвольте (разрешите) вас познакомить с + Instrumental

Позвольте (разрешите) представить вас + Dative

Позвольте (разрешите) представить вам + Accusative

Дорогие коллеги! *Позвольте представить вам* нашего нового корпоративного блогера. Это Ольга Шляпникова, журналистка и дизайнер.

Read and analyse:

Секретарь: Господин Тобиков, позвольте представить вам нашего нового сотрудника.

Новый сотрудник: Соколов Никита Фёдорович.

Тобиков: Очень приятно. Тобиков Игорь Валентинович. Давно хотел познакомиться с вами. Давайте поговорим, я хочу побольше узнать о вас.

Новый сотрудник: Буду рад ответить на все ваши вопросы…

А3. Responses:

Очень приятно (с вами познакомиться).

Рад(а) с вами познакомиться.

It's common to hear «Мне тоже», «Взаимно» in response to «Очень приятно», «Рад с вами познакомиться».

Read and analyze:

Разговор между продавцом и покупателем:

-Здравствуйте! Давайте познакомимся. Меня зовут Пётр.

-Зравствуйте. Меня зовут Мария.

-Очень приятно!

-Взаимно.

- Я давно работаю в магазинах инструментов, и я не так часто вижу там женщин. Похоже, что вы что-то ищете. Я могу вам помочь?

-Вы знаете, я ищу подарок своему другу на день рождения. Он очень любит инструменты! Он всегда что-то ремонтирует.

-Можно подарить дрель (drill) ! Замечательный подарок! Мы только что получили новые модели.

-Спасибо, Пётр, за дельный совет. Согласна, дрель -- подарок прекрасный.

-Не за что, Мария! Идите за мной. Я покажу вам, какие у нас есть дрели.

-Благодарю вас, Пётр.

If people know each other, met before:

Мы уже встречались.

Мы уже знакомы.

Мы с вами где-то уже встречались.

Я вас где-то видел(а).

Я о вас слышал(а).

Вы очень знакомо выглядите.

Вы меня не узнаете?

Мир тесен! (It's a small world).

A4. Phrases used before introductions.

Just like in English, most of the time, there is some exchange of remarks before we introduce ourselves in Russian. The nature of such remarks depends on the circumstances.

Some examples:

Добрый день. Вы новая студентка?

Извините, вы, наверное, наш новый стажёр?

Мы с вами уже долго говорим, но пока не знакомы.

Read and analyze:

- Извините, вы, наверное, наша новая секретарша?

- Да, меня зовут Саша, а вас?

-А меня Сергей. Я тоже здесь недавно работаю, всего две недели.

- Правда? А где вы раньше работали?

- Голдстар электрик. Слышали?

- Слышала. А я учусь в колледже, на вечернем факультете. Днём работаю – вечером учусь.

-Что изучаете?

-Финансы: дорожные чеки, сберегательные счета, и всё такое.

-Интересно. Ну, мне надо бежать, к сожалению. Очень приятно было познакомиться.

-Мне тоже. До встречи.

-Всего доброго. Желаю побыстрее акклиматизироваться на новом месте.

-Спасибо!

B. Drills

B1. <u>Using different etiquette expressions, introduce yourself to:</u>

a new student in your Russian class

_____

your hostess's mother in Moscow

_____

your substitute professor Марина Никитична

_____

a group of 7-year old kids who came to visit your host brother

_____

B2. <u>Using different etiquette expressions every time, introduce your friend Donald to:</u>

your host mother София Витальевна

_____

your other friend Светлана

_____

your chemistry professor Борис Семёнович

_____

your neighbor Жанна

_____

B3. Respond:

-Меня зовут Наташа, а вас?
_____

-Меня зовут Дарья.
_____

-Я Ангелина Андреевна Андреева, ваш преподаватель танца.
_____

-Позвольте представить вам моего студента Джоша.
_____

-Разрешите представить вам звезду нашей школьной Олимпиады Зою Крючкову.
_____

B4. You are introduced to someone you already know. Respond: provide several options.

_____

_____

_____

B5. Translate the following mini-dialogs and phrases from English into Russian:

1. -Very nice to meet you, Jimmy. _____
   -Same here. _____

2. -Please meet Mr. Popov. _____

   -It's a pleasure to meet you. _____

3. -Let me introduce you to my husband. _____

   -We've already met. _____

4. -Do you know my brother? _____

5. -You look familiar._____

6. -It's a small world. _____

7. -I've heard about you._____

8. - Pavel, I'd like you to meet a friend of mine, Sima. We went to Chess school together._____

- I am very happy to meet you, Sima. _____

9. - May I introduce myself? My name is Joshua Parker. I'll be your interpreter during the conference._____

   - Nice to meet you, Mr. Parker._____

B6. <u>Translate</u> the dialog from English into Russian:

- Mr. Sobolev, may I introduce a colleague of mine, Mr. Brecht?

_____

- Pleased to meet you, Mr. Brecht.

_____

- Nice to meet you, Mr. Sobolev.

_____

- Is this your first visit to St. Petersburg?

_____

- No, I was lucky to spend two months here last year.

_____

- Welcome back, Mr. Brecht.

_____

B7. Think of three other ways Иванушка Дурачок could introduce himself to Змей Горыныч (see section A1).

_____

_____

_____

B8. Look at the picture in section A2. Write 3 other ways Pinocchio could use to introduce Malvina to his family.

_____

_____

_____

C. Learning Scenarios

Introductions

C1. Действующие лица (4): американский студент Джо, студентки Роза и Барбара, новая студентка Дина. Действие происходит: МГУ, перед лекцией по истории русской литературы.

Джо приходит на занятие и видит новое лицо. В его группе новая студентка! Джо знакомится с Диной, семья которой переехала из Петербурга в Москву. Дина перевелась из Петербургского университета в МГУ. В класс заходят Роза и Барбара. Джо знакомит их с Диной. Им интересно знать, откуда Дина, и какие лекции она слушала раньше. Они немного рассказывают друг другу о себе.

C2. Действующие лица (4): американская студентка Дру, её русская подруга Тамара, родители Дру. Действие происходит: дома у родителей Дру.

Дру – американская студентка из Филадельфии. Она провела год в России, когда была на третьем курсе. У неё есть хорошие русские друзья. Подруга Дру Тамара приехала в Филадельфию из Санкт-Петербурга. Родители Дру много слышали о Тамаре и хотят познакомиться. Они приглашают её на ужин в воскресенье. Интересно: родители Дру учились в Гаверфорде (колледж в пригороде Филадельфии), изучали русский язык и говорят по-русски. Дру знакомит Тамару с родителями (вы можете сами дать имена родителям). Родители разговаривают с Тамарой о её планах в Америке. Разыграйте сценку.

С3. Действующие лица (3): профессор русской литературы Дайана Кауфман, американская студентка Софи, преподаватель русского языка из Санкт-Петербурга Зоя Васильевна Бахтина. Место действия: кампус американского колледжа.

Софи училась в Санкт-Петербурге год назад, а теперь продолжает изучать русский язык в Америке. Её преподаватель, Зоя Васильевна Бахтина, прилетела из России на конференцию в Америку. Она также посещает кампус колледжа, где учится Софи. Софи предложила показать кампус Зое Васильевне и рассказать ей о колледже. Они встречают Дайану Кауфман, курс которой Софи слушает сейчас. Дайана рада видеть Софи, и Софи представляет Зою Васильевну Дайане Кауфман. Составьте разговор, подумайте, как его закончить.

Meeting people

С4. Действующие лица (2): студентка из штата Орегон Ава, профессор Тихонов. Действие происходит: МГУ, кафедра лингвистики.

Ава, студентка из штата Орегон, учится в Москве. Ава интересуется прикладной лингвистикой и пишет курсовую работу по этому предмету. Однокурсники порекомендовали Аве познакомиться с профессором Тихоновым, он преподаёт прикладную лингвистику. У него можно получить консультацию или отзыв, он мог бы ответить на вопросы. Ава заходит на кафедру лингвистики, чтобы познакомиться с профессором и назначить встречу (она не знает его имени – отчества). Разыграйте сценку знакомства и назначения встречи.

С5. Действующие лица (3): американская студентка Беверли, племянники её хозяйки Миша и Олег. Действие происходит: кухня в московской квартире хозяйки.

У хозяйки американской студентки Беверли есть сестра, а у сестры двое симпатичных детей – Миша и Олег. Беверли жила с семьёй хозяйки несколько месяцев, но не была знакома с её племянниками. Беверли приходит домой и видит, что Олег и Миша играют в «I Spy» на кухне. Она знакомится с ними. Они разговаривают. О чём? Разыграйте сценку.

С6. Действующие лица (2 or more): преподаватель английского языка Стивен, его студенты (любое число). Место действия: курсы иностранных языков в Ярославле, первое занятие.

Американец Стивен изучает русский язык и преподаёт английский язык в русском городе Ярославле. Стивен приходит в класс на первое занятие в качестве преподавателя и знакомится со своими новыми студентами. Студенты не знают английский язык, знакомство происходит на русском языке. Каждый студент говорит несколько слов о себе. Разыграйте сценку, в которой ваши однокурсники могут быть студентами английского языка в Ярославле.

С7. Действующие лица (2): американская студентка Викки, петербуржец Сергей. Действие происходит: самолёт, летящий из Бостона в Петербург.

Викки летит на самолёте в Санкт-Петербург. Она разговаривает с соседом Сергеем. Викки летит в Россию учиться, а её сосед Сергей возвращается в Петербург из отпуска, который провёл у родственников в Бостоне. Они уже что-то знают друг о друге, но они пока не знают имён друг друга! Разыграйте сценку их разговора и знакомства.

С8. Действующие лица (2): американская студентка Гейл, русская студентка Даша. Действие происходит: автобусная остановка в Москве.

Гейл стоит на автобусной остановке в Москве и видит студентку, с которой она училась три года назад, но похоже, что девушка (точно-точно, её зовут Даша) не узнала Гейл. Конечно, три года назад Гейл нравился богемный вид: у нее были длинные рыжие волосы, она носила крупные украшения, длинные юбки и яркие шарфы. Сегодня она выглядит по-другому: у неё короткая стрижка, тёмные волосы, она едва ли носит украшения, и в основном носит брюки. Гейл знает, что её стиль сильно изменился с тех пор, как она была в Москве три года назад. Гейл подходит к Даше и спрашивает её, не узнает ли она её, напоминает о себе. Они разговаривают о том, что произошло в их жизнях за эти три года.

D. Written assignments

D1. Американка Кристал прекрасно знает русский и учится на ветеринара в Москве. Кристал хочет поработать в ветеринарной клинике «Кентавр» во время летних каникул. Она должна познакомиться с директором клиники, Хабаровым Александром Константиновичем, но он очень занят. Его секретарь посоветовала Кристал написать Александру Константиновичу письмо, представиться, объяснить ситуацию, и спросить его, может ли он с ней встретиться. Кристал пишет господину Хабарову и вскоре получает от него ответ. Какой? Напишите два письма.

D2. Саша Грачёв – русский студент в университете Питтсбурга. Он изучает радиотехнику. Он знает английский язык, но не очень хорошо. Ему порекомендовали студентку Фрэн Митчел для помощи с английским языком. Специальность Фрэн – английский язык, как иностранный. Саша пишет Фрэн, представляется, Фрэн отвечает Саше. Они договариваются о встрече. Напишите два письма.

D3. Профессор Людмила Алексеевна Андронова из института им.Пушкина в Москве *отвечает* своему коллеге, американскому профессору Джиму Робертсону. Внизу приведён её *ответ* на его письмо. Придумайте письмо от Джима Робертсона, на которое Людмила Алексеевна написала ответ.

Уважаемый профессор Робертсон,

Извините за то, что долго не отвечала: я ездила на конференцию во Францию и была очень занята по работе. Я получила Ваши сообщения, очень благодарна за то, что Вы мне написали. Очень хотела бы увидеться с Вами и познакомиться лично.

Я много слышала о Вас и читала Ваши последние работы. Я буду очень рада написать отзыв о Вашей новой книге. Давайте встретимся на кафедре русского языка в среду, ориентировочно в 3 часа. Напишите, удобно ли Вам это время.

До скорой встречи,

Людмила Алексеевна Андронова

V.   -Заезжай в клуб вечером! -Боюсь, что не получится.
Etiquette of Invitation

A. Etiquette phrases, expressions, and commentaries.

A1. Most commonly used

Casual

More direct

Приглашаю вас (тебя)

(Я) хочу пригласить вас (тебя)

(Я) приглашаю вас (тебя)

Softer, less direct, more polite

Мне хочется пригласить вас (тебя) …

Most polite due to the subjunctive

(Я) хотел(а) бы пригласить вас (тебя)

Мне хотелось бы (пригласить) …

Formal

Разрешите (позвольте) пригласить вас…

Read and analyze:

- Маруся, хочу пригласить тебя на день рождения в субботу.
- В эту субботу? С удовольствием приду. Где отмечаешь?

- Делаю вечеринку дома, часов в 6 вечера.
- Принести что-нибудь?
- Ничего не надо, хотя можешь принести твою любимую музыку, что-нибудь подходящее для танцев.
- Хорошо. Много гостей будет?
- Человек двадцать. Будет весело. Обещаю.
- Здорово! Ну, тогда до субботы, Нинусь.
- До встречи.

A2. Imperative (к(о) +Dative, на (в) + Accusative, or Infinitive

For both casual and formal invitations, it is important to remember which prepositions to use, as you invite.

На + Accusative (на день рождения, на спектакль, на выставку, на футбол).

В + Accusative (в парк, в театр, в музей, в казино).

К(о) + Dative (ко мне, к родителям на дачу, к друзьям, к Васильевым).

Приходи(те) ко мне (к Сергею).

Заезжай(те) на чай (в клуб).

Заходи(те) поговорить.

Забегай(те), загляни(те) когда будет время (very casual).

Inviting to come in:

Входи(те), заходи(те), проходи(те)! (Пожалуйста, проходи(те) (в дом)!)

Read and analyze:

- Сонь, у тебя какие планы на выходные? Что ты будешь делать в пятницу вечером?

- Пока никаких. Может быть, буду отдыхать дома. А что?

- Заезжай на чай. Я пирог испеку.

- Спасибо, Юль. А какой повод?

- Да в пятницу мои американские подружки приезжают в Петербург. Вот я решила устроить чаепитие в честь них. Ты дорогу помнишь?

- Помню, но не точно.

- Ну когда выйдешь из метро, позвони! Я тебя встречу.

- Спасибо. Что принести с собой?

- Ничего не нужно. У меня все есть.

- Ну ладно, до пятницы.

- Пока!

Humorous

Заходи на огонёк!

Заходи на рюмку чая!

Подтягивайся (к театру, к метро, ко мне).

🙂

-Заходи на огонёк вечером.

-Ты имеешь в виду, на чашку кофе?

-Ну или на рюмку чая.

-Я подумаю…

-Тут и думать нечего. Подтягивайся ко мне к семи.

A3. Invitation to do something together

Invitation in the form of question (opening a discussion)

Как ты смотришь на то, чтобы…

Как ты относишься к тому, чтобы…

Ты не против того, чтобы…

(Ты) не возражаешь против того, чтобы…

Вы не хотите + Infinitive

Сходим …?

Пойдём…?

Зайдём…?

Дойдём пешком до метро?

Не пойти ли нам…?

Не зайти ли нам…?

Не сходить ли нам…?

У тебя какие планы …?   (although it is not a very good choice to start an invitation with, people in both American and Russian cultures sometimes choose to ask what plans the person they intend to invite has, before they actually tell him / her where they want to invite them).

☺

Which invitee has better luck – Victor or Sasha? How would *you* answer this question?

-Виктор, у тебя какие планы на выходные?

-Никаких.

-Хотел попросить тебя помочь мне с переездом на новую квартиру.

-Саша, у тебя какие планы на выходные?

-Никаких.

-Хотел пригласить тебя на балет «Лебединое Озеро».

Invitation in the form of suggestion

Предлагаю вам (тебе) + Infinitive

Хочу предложить вам (тебе) + Infinitive

Мне бы хотелось предложить вам (тебе) + Infinitive

Разрешите предложить вам (тебе) + Infinitive

Я бы вам (тебе) предложил + Infinitive

Пошли, Идём or *Давай* (informal)

Идём гулять! Такая хорошая погода!

Давай пойдём в кино сегодня вечером!

Пошли в кино сегодня вечером! (most informal)

Read and analyze:

-Вася, давай сходим в магазин за хлебом.

-Мариша, я смотрю хоккей. Может быть, сходим попозже?

-Ты знаешь, что магазин закрывается в девять?

-Мариш, сейчас ещё только 8:30. Я думаю, что мы успеем.

-Почему надо всё делать в последнюю минуту?

-У меня появилась неожиданная идея, Мариш.

-Какая?

-Давай ты одна сходишь в магазин.

-Вот, так всегда…

A4. <u>Possible responses to invitation:</u>

Positive

Почему бы и нет?

Договорились.

Решено.

Я не против (я за)! - equivalent of *I'm in.*

Охотно. – *Most willingly.*

С удовольствием!

In response to invitation to do something together:

Давай (те).

Пойдём(те).

Поехали.

Negative

Refusal to accept an invitation is mostly based on two phrases: "не могу" and "не получится". All the other phrases are additives, which are layered around "не могу" and "не получится". *Не получится* is softer than *не могу*: the reason for negative response is circumstances rather than choice or will of the speaker (I would love to, but I can't because of the circumstances).

Думаю (боюсь), что не получится (не смогу) + Infinitive (optional).

Никак не могу.

К сожалению, не могу (не получится).

С радостью бы (с удовольствием бы, охотно бы, мне очень хотелось бы), но не могу (не получится).

Я вынужден(а) вам отказать (formal).

Я вынужден(а) отказаться (formal).

Я (наотрез) отказываюсь (categorical, blunt).

Это (абсолютно) исключено (categorical, blunt).

Indefinite response

Может быть.

Возможно.

Наверное.

Вероятно.

Скорее всего не смогу (не получится).

Не знаю смогу ли (получится ли).

Пока точно не знаю.

Пока не могу обещать (точно сказать).

Постараюсь.

Надо подумать.

Вряд ли (смогу, получится).

Read and analyze:

1.

-Не сходить ли нам в кино сегодня вечером?

-Смотря на какой фильм.

-Сейчас "Люди в Чёрном 3" – очень популярный фильм. В "Салюте" идёт.

-Это с Уиллом Смитом, что ли?

-Да. Ты его любишь?

-Да. Я его обожаю. Во сколько встретимся?

-Давай в 6, прямо у кинотеатра.

-Как ты смотришь на то, чтобы поужинать вместе после фильма?

-Я не против. Прямо рядом с "Салютом" открыли новый японский ресторан. Можем там поужинать. Ты любишь суши?

-Люблю. Я также люблю саке[15].

-Ну вот и отлично. Договорились.

-До вечера.

2.

-Джоржд, хочу предложить вам пойти на прогулку по праздничной Москве завтра.

-Как здорово! С удовольствием. Я завтра целый день свободен.

-Отлично! Я буду вашим гидом. Погуляем по Красной площади, зайдём на ярмарку. Я покажу вам где музей Революции и Исторический музей. Мы можем встретиться в 5 вечера у входа в общежитие?

- Конечно. Завтра не будет холодно, прекрасный вечер для прогулки.

- Договорились. До завтра!

-До завтра.

---

[15] alcoholic beverage of Japanese origin

3.

-Привет, Блюма! Ты не хочешь пойти с нами на концерт?

-На какой?

-Группы «Любэ».

-Очень даже хочу. А когда?

-В пятницу, в восемь часов. Мы встречаемся в метро на Шаболовской, около первого вагона в сторону центра.

-Не знаю, получится ли в пятницу. Моя хозяйка пригласила меня на дачу.

-В пятницу?

-Вот, не помню точно: то ли в пятницу, то ли в субботу. Я уточню и позвоню тебе.

-Договорились.

B. Drills

B1. Invite (use two different ways every time if possible):

Your friend Josh for a cup of tea.

_____

_____

Your Russian professor Sergei Pavlovich to a show you play in.

_____

_____

Your hostess Marina Olegovna to walk her dog Sima together.

_____

_____

Your classmate Jill stopped by after school. She rings the bell. You open the door. What do you say to invite her in?

_____

_____

You and your friend Roma are walking to the metro station. You notice a new bookstore and want to come in and look around. Invite your friend to join you.

_____

_____

Using *пойдём/идём/пошли*, invite your friend Katya for a swim.

_____

Using *давай / пойдём*, invite your host family to go to the movies.

_____

Use a question to invite your friend Lena to Pushkin's museum.

_____

B2. Translate into Russian:

1.

Hello!

_____

Hi!

_____

How are you?
_____

I am fine! and you?
_____

I am well too!
_____

I want to invite you to my birthday party!
_____

Cool! When is the party?
_____

In 2 days.
_____

Where?
_____

It'll be at a new restaurant. it's called "Маргарита".
_____
_____

I know the place, it's nice. At what time?
_____
_____

At 5!
_____

Ok. I will come! Thanks for inviting me.
_____

Wonderful!
_____

2.

Do you have any plans for tomorrow?
_____

Well, I thought of going to the movies. Why?
_____

I invited a couple of new friends over for dinner, very interesting people.
_____

I'd love to meet them.
_____

Great! Come on over then. I'll be happy to see you.
_____

When should I come over?
_____

At 6 p.m.
_____

Agreed. See you tomorrow!
_____

B3. Look at the picture in section A1 and think of three other ways the gentleman could use to invite the chickens to dinner.

_____

_____

_____

C. Learning Scenarios

Inviting over, inviting to a (birthday) party:

C1. Действующие лица (3): студентка Дана, её друг Коля, её подруга Зина.

У Даны день рождения. Её хозяйка говорит, что будет готовить особенный праздничный ужин в честь её дня рождения. Она предлагает Дане пригласить её новых друзей Колю и Зину. Дана встречает Колю по дороге в университет, а Зину позднее, в кафе. Дана приглашает их на день рождения.

Детали:

Коля спрашивает, как доехать до дома хозяйки Даны, но Дана торопится. Перед тем как уйти, она говорит Коле, как и когда она объяснит ему, как доехать.

Зина с удовольствием принимает приглашение на ужин. Она, в свою очередь, приглашает Дану в Дом Художника, на выставку её любимого живописца Юрия Воронова. Дана принимает (или отклоняет) приглашение. Они прощаются. Разыграйте сценку.

C2. Действующие лица (3): американская студентка Кэролайн, её русские подружки Оля и Жанна. Действие происходит: кафе «Лингва» в Московском Лингвистическом Университете.

Кэролайн ездила на экскурсию по русским соборам и монастырям с подругами Олей и Жанной. Девушки были в восторге от поездки. Во время поездки Кэролайн много фотографировала и снимала на видео соборы, церкви, памятники, гостиницы, подруг (она всегда любила фотографировать). Хотя ездили они уже два месяца назад, Кэролайн только в эти выходные собралась сделать фильм и слайд шоу об их поездке. Она приглашает подруг посмотреть фильм у себя дома, обещает испечь печенье к чаю. Девушки очень заняты, и им не совсем легко договориться о времени встречи. Разыграйте разговор Кэролайн с Олей и Жанной.

С3. Действующие лица (2): Женя, его знакомая Ребекка.

Друг Женя звонит Ребекке, чтобы пригласить её на вечеринку в боулинг центр «Самолёт» в субботу. Ребекка не очень любит боулинг и не уверена, будет ли она свободна в этот вечер, но на вечеринке будут её хорошие друзья – ей надо подумать. Она даёт Жене неопределённый ответ, говорит, что должна посмотреть на своё расписание, и говорит, когда она ему позвонит. Пока она не знает, сможет ли пойти в «Самолёт». Разыграйте сценку их телефонного разговора.

Inviting for a cup of tea:

С4. Действующие лица (2): американская студентка Софи, студентка Петербургской консерватории Дина. Действие происходит: лифт, идущий на десятый этаж.

Вот уже больше месяца американская студентка Софи живёт в Петербурге. Студентка Санкт-Петербургской консерватории Дина тоже живёт на десятом этаже. Они соседки. Хозяйка Софи познакомила девушек, но Софи и Дина очень заняты и редко видятся. Дине хотелось бы познакомиться с Софи поближе, поговорить с ней о жизни в Америке и об учёбе в Петербурге. Дина приглашает Софи на чай в четверг, но Софи идёт на оперу и вынуждена отклонить приглашение. Девушки обсуждают свое расписание, находят время, удобное для них обеих, и договариваются о встрече. Разыграйте сценку.

Inviting for a walk:

C5. Действующие лица (2): американская студентка Кейтлин, её хозяйка Инна Ивановна. Действие происходит: квартира хозяйки.

Хозяйка американской студентки Кейтлин болела гриппом, но сейчас чувствует себя лучше. Когда Кейтлин возвращалась из университета, она не могла не заметить, какая прекрасная погода: везде снег, ветра нет и на улице очень тепло. Она спрашивает хозяйку Инну Ивановну, как она себя чувствует, и приглашает её на прогулку в парк. Кейтлин предлагает взять с собой пуделей Инны Ивановны – Молли и Варю. Инна Ивановна идёт переодеваться и просит Кейтин приготовить поводки (leash) для собак. Придумайте диалог.

Inviting to a concert:

C6. Действующие лица (3): русская студентка Лена, американская студентка Мишель, солист группы «Ума2рман» Владимир Кристовский.

Лена приглашает Мишель на концерт группы «Ума2рман» в Сокольниках (в Москве), у неё есть лишний билет. Мишель с радостью соглашается. Девушки в восторге от концерта. После концерта они покупают диск группы. Лена и Мишель проникают за кулисы, чтобы познакомиться с солистом Владимиром Кристовским, представляются и просят у него автограф. Господин Кристовский спрашивает Мишель о её впечатлениях о России. О чём его спрашивают Лена и Мишель?

Повторите выражения телефонного этикета, а также этикет знакомства. Составьте два диалога: телефонный разговор Лены и Мишель, разговор девушек с солистом группы «Ума2рман».

С7. Действующие лица (3): студентка Санкт-Петербургского университета Алёна, ей подруга Джесси, её друг Данил.

Лишний билет! Алёна, студентка Санкт-Петербургского университета, хочет пригласить свою американскую знакомую Джесси на концерт Дианы Арбениной, звезды русского рока. Алёна звонит Джесси и спрашивает, не хочет ли она пойти с ней. Джесси отказывается, она объясняет Алёне почему она не может пойти на концерт. Тогда Алёна звонит Данилу, своему школьному другу. Данилу очень нравится Арбенина, и он с радостью соглашается пойти на концерт. Повторите телефонный этикет и этикет приглашения. Разыграйте два диалога.

Inviting for pancakes:

С8. Действующие лица (2): русская студентка Инна, американская студентка Джоана.

Подруга Джоаны Инна заезжает к бабушке по воскресеньям. Инна звонит Джоане, чтобы сообщить, что она так много рассказывала бабушке о ней, что бабушка очень хотела бы с ней познакомиться. Бабушка Инны приглашает Джоану на блины в следующее воскресенье. Джоана с удовольствием  приняла бы приглашение, но она собиралась поехать с хозяйкой на дачу. Она не может сказать Инне точно, будет ли она свободна. Она обещает перезвонить. Разыграйте телефонный разговор.

Inviting to a dacha:

С9. Действующие лица (2): русская студентка Света, её американская подруга Холли. Действие происходит: книжный магазин на Калининском проспекте в Москве.

Света встречает Холли в книжном магазине на Калининском проспекте. Им очень хочется поговорить, но времени мало. Света приглашает Холли поехать к ней на дачу в выходные: сначала они пойдут кататься на лыжах, а потом будут делать шашлыки. Вот тогда и будет время поболтать! Очень соблазнительно, но Холли лишь однажды (довольно давно) каталась на лыжах: она не знает, сумеет ли она, и будет ли ей интересно. Она обещает подумать и послать Свете смс-ку попозже. Разыграйте сценку разговора Светы и Холли.

Inviting to a restaurant or a coffee shop:

C10. Действующие лица (2): подруги Кейси и Катя. Действие происходит: московское метро, по дороге в университет.

Кира Валерьевна, соседка Кейси, говорит ей, что поблизости открылось новое кафе (или, может быть, клуб или ресторан?) Называется «Этаж». Каждый вечер Кира Валерьевна видит там толпу молодёжи. Кейси очень любопытно, она рассказывает подруге Кате о разговоре с соседкой и приглашает её пойти туда в субботу. Разыграйте диалог между Кейси и Катей.

Inviting to a lecture (meeting):

C11. Действующие лица (2): преподаватель Александр Борисович, американская студентка Лесли. Действие происходит: студенческая аудитория, после лекции.

Преподаватель литературы Александр Борисович знает, что его студентка Лесли интересуется творчеством Набокова. Он говорит Лесли, что в четверг будет очень интересная лекция о творчестве Набокова. Лесли только что прочитала роман Набокова «Машенька». Александр Борисович говорит Лесли, что Набоков был не только писатель, но и переводчик, и что Лесли сможет узнать больше о его жизни, если придёт на лекцию. Лесли принимает или отклоняет приглашение. Разыграйте сценку.

Inviting to do something together:

C12. Действующие лица (2): студентки Лора и Мила. Действие происходит: Москва, по дороге из библиотеки им. Ленина в общежитие.

Лора и Мила – хорошие подруги. Они обсуждают, как провести выходные в Москве. Лора хочет сходить в кино, она давно хотела посмотреть «Благословите женщину», фильм по рассказу Грековой «Хозяйка гостиницы». Мила хочет сходить в Театр Сатиры, там идёт новый спектакль «Женщины без границ» (комедия о любви). Обсудив разные варианты, они решают посмотреть и фильм, и спектакль. Разыграйте сценку.

D. Written assignments

D1. Молодожёны из Петербурга Алёна и Вадим пишут приглашение на новоселье другу Максу. Сейчас Макс живёт в Москве, но учились они все вместе в Петербурге. Они очень хорошие друзья, у них много приятных воспоминаний о студенческой жизни в Питере, о прогулках по Мойке, об интересных вечеринках. Макс пишет ответ Алёне и Вадиму. Напишите два письма.

D2. Вы учитесь во Владимире вот уже несколько месяцев. Через месяц вы уезжаете домой в Америку. Вы пишете приглашение на прощальную вечеринку вашей подруге Маше. Не забудьте упомянуть детали: где будет ваша вечеринка, в какой день, в какое время. Маша отвечает. Сочините два письма.

D3. Люда работает в международной фирме «ИнтерКвадро». Она пишет приглашение на Рождественскую вечеринку в её фирме другу Кевину. Кевин пишет ответ Люде. Напишите два письма.

D4. Брат хозяйки американского студента Марни – лыжник. Он катается на лыжах каждые выходные. Марни как-то говорил Александру, что дома, в Америке, он тоже часто катается на лыжах. Однажды зимним вечером, Марни получает сообщение от Александра с приглашением поучаствовать в городских лыжных соревнованиях. Марни пишет ответ брату хозяйки. Что он ему скажет? Напишите два письма.

D5. 27 марта – Всемирный день театра. В Москве в этот день проходит театральный фестиваль, и некоторые театры представляют к этому дню премьеры новых спектаклей. Юлия Сергеевна – театралка. Она собирается на премьеру спектакля театра на Таганке «Маска и Душа» (по Чехову). Она пишет своей американской коллеге Дорис приглашение пойти с ней на премьеру (Дорис любит Чехова и сейчас преподаёт английский язык в Москве). Дорис пишет ответ. Придумайте два письма.

D6. Read the letter below. It is written in response to someone else's letter. Make up a letter this person was responding to. Use your imagination and proper etiquette expressions.

Женя,

С удовольствием забежала бы к тебе на чашку чая, но вряд ли смогу. Мой попугай Гарольд плохо себя чувствует, и мне надо везти его к ветеринару. Давай завтра! Я напишу или позвоню вечером.

Целую,

Люба

D7. Read the letter below. It is written in response to someone else's letter. Make up a letter this person was responding to. Use your imagination and proper etiquette expressions.

Привет, Кира!

Молодец, что написала. Похоже, что ты так много работала над дипломом, что не писала старому другу несколько месяцев. Обязательно приду на банкет по поводу защиты.

Гена

D8. Write a response to Scotty's invitation addressed to Ania.

Аня, привет!

Ты не хотела бы пойти на оперу со мной сегодня вечером? Мой друг Андрей заболел, и у меня появился лишний билет. Если ты любишь оперу или хочешь посмотреть на театр Геликон (относительно новый и очень красивый), присоединяйся! Опера «Сибирь» Джордано (да, итальянский композитор – русский сюжет).

Жду ответа как можно скорее!

Скотти

D9. Write a response to the invitation to your friends Natasha and Richard's wedding:

Дорогие друзья!

Приглашаем вас принять участие в торжестве, посвящённом нашему бракосочетанию, которое состоится 25 марта 2015 года в ресторане «Метрополь».

Наташа и Ричард

VI. -Если тебя не затруднит… -Хочешь, не хочешь, а надо!

Etiquette of requesting. Etiquette of giving advice.

A. Etiquette phrases, expressions, and commentaries.

It is recommended to review the general rules for Aspect before working with this chapter. As Imperative forms are especially important for communicating Requests and Advice, it is good to remember that Perfective is used to request the completion of a one-time action, whereas Imperfective is used to request something to be done regularly or repeatedly. Imperfective can also be used to request that the action starts immediately (читайте, рассказывайте), in this case there is no emphasis on completion.

A1. No matter what expressions we use to communicate a request, most of the time, at the core of any request is <u>Imperative form + Пожалуйста</u>:

Закройте, пожалуйста, окно. Очень сильный ветер.

In the classroom teacher says:

Откройте учебник, читайте, пишите, повторите, слушайте, расскажите (пожалуйста).

Товарищ водитель! Остановите машину у перекрёстка, пожалуйста!

It is logical to think about requests in terms of an imposition scale:

Одолжение(favor)_____Вежливая просьба_____Категорическая

просьба/приказ/запрещение

A2. <u>Favor</u>:

У меня к вам (тебе) большая (огромная) просьба.

Сделай (-те) одолжение.

Я хочу попросить вас (тебя) об огромном одолжении.

Не откажите в любезности.

Не сочти(-те) за труд.

Если вас не затруднит (если вам не трудно).

Извините за беспокойство (often used before the phrases above to apologize for the inconvenience).

A3. <u>Polite request</u>:

У меня к вам (тебе) (настоятельная, убедительная, неожиданная) просьба.

Я хочу, чтобы вы (ты)....+ Past tense

Мне бы хотелось, чтобы вы (ты)...+ Past tense

Хорошо было бы, если бы вы (ты)....+ Past tense

Я (очень) прошу вас (тебя) + Infinitive

Будьте добры (любезны) + Imperative

Извините + Imperative (Извините, разрешите (пожалуйста) пройти).

Будь другом (masculine, even if addressing a woman) +Imperative (informal)

A4. <u>Categorical (firm, strict) request</u>:

(Большая) просьба +Infinitive (example: Поезд дальше не пойдёт. Просьба освободить вагоны).

Я попросил (а) бы вас + infinitive (Я попросила бы вас не слушать музыку так громко после десяти вечера).

Обязательно + Imperative: Обязательно позвони, когда доедешь до дома.

Я запрещаю тебе ходить в школу в пижамных штанах!

Не смей (-те) + Infinitive (equivalent of *don't you dare*). Example: Не смей со мной так разговаривать!

In requests containing adverbs of manner (quietly, carefully, quickly, etc.) the verb in the Imperative mood is sometimes omitted: (Сидите) тихо! (Иди) осторожно! (Проходи) быстро!

Infinitives (examples: Животных не кормить! Не шуметь! Не курить!) – запрещение. These firm requests *not* to do something are used mostly on signs, displayed in public places.

A5. Often Russians convey requests with help of questions:

Вы не скажете, как пройти к собору? (this is synonymous to saying Скажите, пожалуйста, как пройти к собору).

Я могу попросить вас помочь мне? (this is synonymous to Помогите мне, пожалуйста).

Вы не могли бы мне помочь? (synonymous to Помогите мне, пожалуйста).

Тань, не дашь Гумилёва почитать? (Vocative case (shortened address) is very common in non-formal requests). This request would sound correct without "не" (Тань, дашь Гумилёва почитать?); in this case, however, it would sound more spontaneous and direct, and reflect a higher degree of certainty that the request will be met.

Тебе не трудно заехать на базар после работы? (Request to stop at the market).

Я могу позвонить тебе после 10 вечера? or Можно позвонить тебе после 10 вечера? (request for permission)

Можно взять твой велосипед завтра? Мой сломался. (Request to borrow a bike).

Не мог/ла (ли) бы ты/вы занести мои книги в библиотеку? ("ли" adds element of favor to the request)

(Слушай,) Лёнь, ты не хочешь пойти в театр в пятницу? (*Слушай* is used extensively in non-formal casual interactions).

A6. Requesting using Subjunctive (если бы (мы, вы, ты)+Past tense or Infinitive)

Если бы (мы, вы, ты) + Past tense or Dative+Infinitive

Неплохо (хорошо) было бы, если бы вы навестили Жору в больнице or

Неплохо (хорошо) было бы вам навестить Жору в больнице.

Infinitive

Неплохо (хорошо) бы пойти в парк сегодня.

Нужно (надо) бы сходить в магазин за хлебом.

Нужно (надо) было бы как-нибудь заехать в Ленинскую библиотеку.

Read and analyze:

1.

- Слушай, Антоша, надо бы сходить в магазин за молоком.
- Конечно, я могу сходить. Когда он закрывается?
- По-моему, в 9.
- Хорошо. Сейчас, допишу сочинение и сбегаю.
- Спасибо тебе! Что бы я без тебя делала?

2.

А: Алло! Николай?

Б: Да, слушаю.

А: Извини, Коля, я хотел бы попросить тебя об огромном одолжении.

Б: О каком?

А: Не сочти за труд, посмотри в расписании самый удобный поезд на Петербург. Мне хотелось бы приехать туда часам к шести вечера. У меня Интернет не работает. Без Инета[16] – как без рук.

Б: Конечно, Антон Семёнович. Что за вопрос! [pause] Вот, есть поезд в час сорок пять, в пути чуть больше четырёх часов, к шести вечера как раз будете в Питере.

---
[16] Internet

А: Это скоростной поезд, похоже?

Б: Да, скоростной, фирменный.

А: Отлично. Я тебе очень благодарен.

3.

– Анюта, будь другом, отнеси этот учебник в библиотеку.

– К сожалению, не могу. Мне в другую сторону.

-- А я думала, что ты туда идёшь. Ладно, я попрошу кого-нибудь другого.

4.

– Сима, тебе не трудно будет купить овощи после работы?

– Что? Прости, я не расслышала.

– Не могла бы ты купить овощи после работы?

– Ой, не знаю, рынок мне не по пути.

– Пожалуйста, я тебя очень прошу. Я купила бы сама, но мне сегодня вечером к врачу.

– Хорошо, я зайду на рынок.

5.

-Прошу прощения, вы не могли бы мне помочь? Я забыла дома очки и не могу прочитать, сколько стоит этот плащ.

-Конечно. Цена – три тысячи рублей, скидка – 25 процентов.

-Благодарю вас. Вы мне очень помогли.

-Не стоит благодарности. Всего хорошего.

A7. Possible responses to requests:

Positive

Хорошо.

Ладно.

С (большим) удовольствием.

С радостью.

Обязательно (конечно)

Phrases above are often used with a verb in the Future Tense. For example:

-Оленька, сходи за овощами пожалуйста. – Хорошо, (сейчас) схожу. *Сейчас* is used in response to the request to do something immediately/soon.

(Вот, да) пожалуйста

-Олег Павлович, не могли бы вы передать горчицу? – (Вот, да) (возьми(те)), пожалуйста (in response to *Дай(те)/передай(те)/принеси(те)*).

Phrases that can be added to the initial response for reassurance:

Всегда рада вам / тебе помочь.

Не беспокойтесь / не беспокойся, конечно, сделаю...

Не волнуйтесь / не волнуйся, обязательно позвоню...

Permitting, allowing:

(Конечно) можно!

Разумеется (безусловно)!

Что за вопрос!

Reluctant agreement/compromising:

Что ж делать, схожу…

(Ну, ладно) так (уж) и быть.

(Ну) придётся + Infinitive

Что же делать +Future Tense

Хочешь, не хочешь, а надо.

Так и быть, сделаю.

Indefinite response:

Necessity to think over, hesitation

Посмотрим.

(Мне) надо подумать.

Я подумаю.

(Я) постараюсь (попробую).

Может быть.

Возможно.

Наверное.

Вероятно.

Скорее всего, не смогу (не получится).

Не знаю, смогу ли (получится ли).

Пока точно не знаю.

Пока не могу обещать (точно сказать)

Постараюсь.

Вряд ли (смогу, получится).

Negative response:

Refusal to meet somebody's request /accept invitation is mostly based on two phrases: "не могу" and "не получится". All the other phrases are additives, which are layered around "не могу" and "не получится".

Думаю (боюсь), что не получится (не смогу) + Infinitive (optional).

Никак не могу.

К сожалению, не могу (не получится).

С радостью бы (с удовольствием бы, охотно бы, мне очень хотелось бы), но не могу (не получится).

Я вынуждена вам отказать.

Я вынуждена отказаться.

Я не могу согласиться.

(Извини(те)) не могу.

Categorical, blunt (sounds very strict):

Я (наотрез) отказываюсь.

Это (абсолютно) исключено.

Ни в коем случае.

Об этом не может быть и речи.

Ни при каких обстоятельствах.

Not permitting, denying request

Нельзя.

К сожалению, нет.

A8. <u>Advice:</u>

(Очень, настоятельно, убедительно) советую вам (тебе) + infinitive

Хочу посоветовать вам (тебе) + infinitive

Мне бы хотелось дать вам (тебе) совет: + Imperative

Разрешите (позвольте) посоветовать тебе (вам) +Infinitive (very gentle)

Я бы вам (тебе) посоветовал + Infinitive

Мой тебе совет: + Imperative

Вам (тебе) бы (надо) + Infinitive

Хорошо (неплохо) бы вам + Infinitive

Вы должны + Infinitive

Вам надо (нужно) + Infinitive

(А) не + Infinitive+ ли

А не поговорить ли тебе с менеджером об этой проблеме?)

Обязательно can be used to strengthen the advice.

Тебе нужно *обязательно* посоветоваться со специалистом.

A9. <u>Possible responses to advice:</u>

<u>Positive:</u>

Responses to advice are mostly positive, since, even if you don't agree with the advice that is given to you, you are still grateful for the thought and for the kind intention.

Хорошо.

Ладно.

Обязательно (конечно).

Gratitude

Спасибо (вам, тебе) за совет (предложение).

Я (вам, тебе) (очень) благодарен/благодарна за совет (предложение).

(По)следовать + Dative

(По)следовать + Dative: (по)следовать совету - to follow (take) smb.'s advice.

Спасибо, доктор! Я всегда следую вашему совету!

Спасибо большое! Обязательно последую твоему совету.

(Вос)пользоваться + Instrumental

(Вос)пользоваться + Instrumental – воспользоваться советом – to use smb.'s advice.

Я вам очень благодарна. Обязательно воспользуюсь вашим советом.

Спасибо огромное! Я непременно воспользуюсь твоим советом.

Negative:

Боюсь, что не смогу последовать вашему совету.

Спасибо, но я не могу воспользоваться вашим советом.

Read and analyze:

- Этот год был таким трудным! Очень много было работы. Я очень устал.

- Хорошо бы тебе съездить на море, в Крым или на Кавказ, или на Гавайи.

- Да, я знаю. Это бы пошло мне на пользу.

- Слушай, у меня подруга занимается путёвками в тёплые курортные места. Мой тебе совет: позвони ей! Её зовут Жанна. Она тебе сделает путёвку в любую точку мира по самой лучшей цене.

- Спасибо за совет. Обязательно воспользуюсь твоими связями.

Slang (rude):

It is not a good idea to use these expressions, but it is good to know what they mean and recognize them if you happen to hear them.

Бегу и падаю!

Отвали!

А шнурки не погладить?

Сейчас, только разбег возьму...

- Гена, у меня к тебе неожиданная просьба.
- Какая?
- Дай две тысячи в долг.
- Лёва, это просьба совсем не неожиданная. Неожиданная звучала бы так: «Гена, не откажи в любезности, вот возьми все деньги, которые я у тебя занимал раньше».

B. Drills

B1. Imperative + Пожалуйста

You are tutoring a younger student Jill in Russian. Ask her to read the text and write a composition.

_____
_____
_____

Your host mother's 6-year old daughter Zoya loves to draw. Ask her to show you her drawings.

_____
_____
_____

B2. Favor – give at least two options each time.

Ask your neighbor to do you a favor and pick up your mail (почта) from your mailbox (почтовый ящик) while you are away.

_____
_____

Ask your friend Petya to take your books to the library.

_____
_____

B3. Polite request – give at least two options each time.

Ask your host mother Zinaida Ivanovna to mail (отправить) a letter for you.

_____

You are going to a meeting with friends. Ask your friend Boris to tell the rest of your friends that you are going to be late.

B4. Categorical request.

A parent who has just learned his/her daughter crosses the street in the wrong place, asks her to never cross the street in this place again.

Ask your host family's dog Syoma not to lie on your papers (you already asked several times before).

B5. Requests expressed with help of questions.

Ask your roommate to stop at a grocery store to buy some fruit.

Ask a passer-by how to get to the nearest metro station.

Ask your Moscow host for permission to use his bicycle.

B6. Request / Advice – give at least two options each time.

Ask / advise your friend Dima to discuss the topic of his essay with his professor.

_____

_____

Ask / advise your host family's son Denis to double check (проверить) his essay before he gives it to the teacher.

_____

_____

Ask / advise your friend Anna to see a doctor, if her headaches continue.

_____

_____

B7. <u>Request using Subjunctive</u>

Your friend is upset about breaking up with her boyfriend. Tell her you are going to your host's dacha and suggest that she join you: it is good to go away for a couple of days when you are stressed.

_____

Using an expression with *если бы*, ask your host family's son to go to the store with you and help you with the groceries.

_____

Using *нужно / надо*, invite your friend Katia to visit your mutual friend Valya, who is sick.

_____

B8. <u>Translate from English into Russian</u>

- Zoya Petrovna, I'm sorry to bother you. Could you do me a favor.
_____

- Sure.
  _____

- I don't get assignment # 5 in our textbook. Could you explain it to me.
  _____
  _____

- You don't understand the words or you don't understand the assignment?
  _____
  _____

- I don't understand anything.
  _____

- Stop by my office after the class, and I'll be glad to help you.
  _____
  _____

- I'll stop by. Thanks for your help.
  _____

- You are welcome, Richard. If you have questions, you can stop by any time.
  _____
  _____

B9. Respond in the affirmative and add a comment or an etiquette phrase each time. Do not use the same expressions twice.

1. -Разрешите войти?

_____

2. -Алёша, закрой, пожалуйста, окна. Дождь начинается.

_____

3. -Ричард, не откажи в любезности. Вынеси мусор.

_____

4. -Ллойди, помоги мне, пожалуйста, найти мои туфли.

_____

B10. Respond in the negative and add a comment or an etiquette phrase each time. Do not use the same expression twice.

1. -Соня, если тебе не трудно, купи мне сметаны, когда в магазин пойдёшь.

_____

2. -Гарик, сделай одолжение, погуляй с моей собакой. Я ужасно чувствую сегодня.

_____

3. -Окажи любезность, зайди ко мне после работы. Мне очень надо с тобой поговорить.

_____

4. -Валера, ты не отвезёшь меня в Новгород завтра? У меня машина сломалась.

_____

B11. Give an indefinite response and add a comment or an etiquette phrase each time. Do not use the same expression twice.

1. -Сергей Петрович, не могли бы вы завтра принести книгу по психологии, о которой вы рассказывали? Я бы очень хотела её почитать.

_____

2. -Пожалуйста, попросите к телефону Замятину Ольгу.

_____

3. -Не сочти за труд, купи мне аспирин по дороге из спортзала.

_____

4. -Боб, ты не позвонишь в кассу театра? Надо узнать, есть ли ещё билеты на «Тоску».

_____

B12. Make up a request, suggestion, or advice that would be a good match to the response provided. Do not repeat the etiquette expressions more than once.

1._____

-Так и быть, зайду, хотя мне это совсем не по пути.

2._____

-Пока не знаю, надо подумать.

3._____

-С удовольствием! Давно хотел туда сходить.

4._____

-Об этом не может быть и речи.

5._____

-Скорее всего, не смогу. У меня экзамен в четверг.

6._____

-Не волнуйся. Я обязательно позвоню.

C. Learning Scenarios

C1. Действующие лица (2): американская студентка Керен, её однокурсница Людмила.

Керен не очень хорошо себя чувствует, но книги в библиотеку надо вернуть сегодня. Её однокурсница Людмила живёт в соседнем доме. Керен просит Люду выручить её и вернуть книги в библиотеку. Они договариваются о встрече. Разыграйте сценку их телефонного разговора.

C2. Действующие лица (2): американская студентка Джина, соседка её хозяйки Марина Сергеевна. Действие происходит: у квартиры хозяйки.

Надежды, хозяйки американской студентки Джины, нет дома. Звонок в дверь, Джина открывает дверь и видит соседку Марину Сергеевну. Соседка зашла за солью. Она говорит Джине, что у неё кончилась соль и объясняет, почему ей нужна соль прямо сейчас. Разыграйте сценку разговора Джины и Марины Сергеевны.

C3. Действующие лица (2): американская студентка Вэлери, её хозяйка Алёна Андреевна. Действие происходит: на кухне хозяйки.

Почти каждый день Вэлери заходит в универсам: иногда она покупает мороженое, иногда салат, иногда кофе. Хозяйка Вэлери, Алёна Андреевна, даёт ей деньги и просит её купить хлеба и мёд. Разыграйте сценку разговора Алёны Андреевны и Вэлери.

С4. Действующие лица (2): профессор Захаров, американская студентка Джеки. Действие происходит: студенческая аудитория.

Студентка Джеки интересуется психолингвистикой, но пока не знает, хотела ли бы она слушать курс профессора Захарова в следующем семестре. Она подходит к профессору после занятия, представляется и просит профессора разрешить ей присутствовать на одной из его лекций. Профессор Захаров с радостью соглашается. Составьте диалог.

С5. Действующие лица (2): американская студентка Алекс, её однокурсница Вера. Действие происходит: университетское кафе.

Вера читает книгу Льва Гумилёва «От Руси до России». Американская студентка Алекс тоже хотела бы почитать эту книгу по истории России (подруга Вера сказала, что её легко и интересно читать). Алекс хотела взять книгу из библиотеки, но, хотя там очень много книг по истории, этой книги в библиотеке нет. Алекс видит Веру в кафе. Вера пьёт кофе и читает. Алекс просит Веру дать ей почитать книгу Гумилёва, когда она закончит её читать. Вера с удовольствием соглашается.

С6. Действующие лица (2): студентка Мора, её хозяйка Ольга Петровна. Действие происходит: комната Моры в квартире Ольги Петровны.

Вот уже несколько дней у Моры кашель и насморк. Её хозяйка Ольга Петровна хочет помочь Море скорее избавиться от простуды и даёт ей несколько советов. Подумайте, какие советы Ольга Петровна даст Море и разыграйте сценку.

C7. Действующие лица (2): американская студентка Софи, её хозяйка в Москве Анастасия Игоревна. Действие происходит: квартира хозяйки.

Хозяйка Анастасия Игоревна уезжает в командировку и просит американскую студентку Софи сделать ей несколько одолжений: полить цветы, покормить кошку Кысю, вынести мусор. Придумайте диалог Дины Сергеевны и Софи.

(Между прочим, имя кошки вас немного удивило. Почему?)

C8. Действующие лица (2): студентка Брук, профессор русского языка Арон. Действие происходит: офис профессора русского языка.

Что же делать? Студентка Брук будет на стажировке в биотехнической компании всё лето. Брук очень много говорит по-русски во время учебного года. Она волнуется, что не сможет много говорить по-русски летом. Брук советуется с её преподавателем русского языка Ароном. Он рекомендует Брук много читать и делать упражнения. Подумайте, что ещё может посоветовать преподаватель Арон и разыграйте диалог.

C9. Действующие лица (3): студентка Лори, её друзья Наташа и Артём. Действие происходит: кафе «Фартук» в Санкт-Петербурге.

Лори зачитывается романом Улицкой «Искренне ваш Шурик». Ей бы очень хотелось, чтобы её друзья, Наташа и Артём, прочитали этот роман (тогда они могли бы делиться впечатлениями и говорить об этом романе). По вторникам и четвергам друзья встречаются в кафе «Фартук». Когда Наташа с Артёмом заходят в кафе, они видят, что Лори с большим увлечением что-то читает. Они спрашивают Лори, что она читает. Лори с радостью предлагает Наташе и Артёму почитать роман Улицкой. К сожалению, у Наташи очень много работы, сейчас она не может читать книги для удовольствия, а вот Артём ищет хорошую книгу: он живёт очень далеко от университета и много времени проводит в метро. Он любит читать в метро и с удовольствием почитает роман Улицкой. Артём спрашивает Лори, может ли она дать ему книгу после того как она закончит её читать. Разыграйте сценку в кафе «Фартук».

С10. Действующие лица (2): студент Роберт, хозяйка Роберта Алевтина Владимировна. Действие происходит: комната Роберта в квартире хозяйки.

У Роберта высокая температура и насморк. Хозяйка Роберта, Алевтина Владимировна, просила его пить молоко с мёдом и сидеть дома, пока не спадёт температура. Она удивляется, когда Роберт говорит ей, что пойдёт на вечеринку к знакомым и просит её объяснить ему, как (на каком транспорте) быстрее доехать до нового района Жулебино. Алевтина Владимировна не согласна с решением Роберта и пытается отговорить его ехать на вечеринку. Она объясняет Роберту, что ему надо лечиться и сидеть дома. Роберту хочется быть с друзьями, но он действительно плохо себя чувствует и не хочет спорить с хозяйкой. Он решает остаться дома.

С11. Действующие лица (2): американка Оливия, её русская подруга Валя. Действие происходит: кафе в книжном магазине.

Валя, русская подруга американки Оливии, сейчас в Америке, в Филадельфии. Оливия жила в России в прошлом году. Ей очень бы хотелось послать её бывшей хозяйке Зинаиде Степановне новогодний сюрприз. Когда Оливия и Валя пьют кофе в книжном магазине, Оливия спрашивает подругу, не могла бы ли она взять с собой в Москву фотоальбом «Филадельфия: тогда и сейчас» и передать его Зинаиде Степановне. Её бывшая хозяйка коллекционирует фотоальбомы. Ей будет очень приятно получить фотоальбом в подарок от Оливии. Составьте диалог Оливии и Вали.

C12. Действующие лица (3): американская студентка Эмили, хозяйка студентки Надежда Зосимовна, соседка хозяйки. Действие происходит: квартира Надежды Зосимовны.

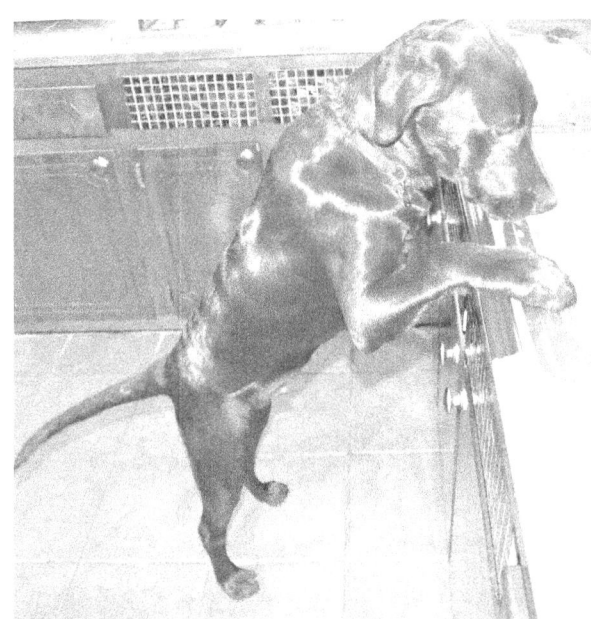

Соседка хозяйки американской студентки Эмили уезжает в Сочи на две недели. Соседка просит хозяйку Эмили, Надежду Зосимовну, заботиться о её животных по вечерам: кормить котёнка и собаку, гулять с собакой. Надежда Зосимовна соглашается. Проблема только с вечерами в конце недели

(пятница, суббота, воскресенье), когда она уезжает на дачу. Она обещает соседке поговорить со своей гостьей Эмили и спросить её, сможет ли она выручить соседку. Составьте два диалога: соседки с хозяйкой Надеждой Зосимовной и диалог хозяйки с Эмили.

D. Written Assignments:

D1. Напишите два электронных письма. Первое письмо - от вас вашему преподавателю Галине Всеволодовне, с просьбой встретиться с вами для того, чтобы обсудить вашу курсовую работу (объясните подробно, почему вам необходимо встретиться). Второе письмо – ответ от Галины Всеволодовны вам.

D2. Маша пишет Паше, Паша пишет Маше: составьте два электронных письма.

Маша пишет письмо однокурснику Паше, с просьбой помочь ей перевести статью об этикете с французского языка на русский. Хотя Маша и пишет работу «Этикет за столом» на русском языке, она хочет использовать информацию из статьи, опубликованной во французском журнале. Она плохо знает французский, а вот её однокурсник Паша свободно владеет французским.

D3. Хозяйка Дарья Михайловна пишет сообщение американской студентке Николь о том, что хотела бы остаться на даче до вторника. Она просит Николь быть дома в понедельник в 2 часа, так как должен прийти слесарь[17] Иван Иванович, чтобы ремонтировать краны. Дарья Михайловна не хотела бы переносить встречу (она объясняет почему). Хозяйка получает неопределённый ответ от Николь. Напишите два электронных сообщения: от хозяйки Николь и от Николь к хозяйке.

D4. Студент Дима Шведов пишет сообщение другу Денису, с просьбой одолжить ему конспекты (notes) или аудио запись по немецкой философии, которые он делал на лекции профессора Блументаля. Он объясняет, почему ему нужны записи

---

[17] *Plumber*. Although dictionary translation of *plumber* is most likely to be *водопроводчик* or *сантехник*, people in Moscow would be more likely to use *слесарь*, which has a broader meaning, not limited to installing and repairing pipes of water supplies. Lexical choices often depend on the region.

этой лекции и говорит, когда он их вернёт. Денис отказывает однокурснику и, конечно, у него есть уважительная причина. Напишите два письма.

D5. Дуня и Сеня – соседи по общежитию, аспиранты. Сеня пишет Дуне: у него есть к ней просьба (внизу приведено его письмо). Дуня отвечает Сене, соглашается неохотно. Придумайте и напишите её ответ.

Дуня,

Будь другом (и хорошей соседкой): полей пару раз огурцы на моём балконе, пока я буду в Туле на следующей неделе. Не могу обещать тебе за это Тульский самовар, но я привезу тебе Тульских пряников. В прошлом году я просил Гарика, но он забыл, и огурцы засохли. Сможешь?

Сеня

(самый лучший в мире сосед)

*D6. R*ead the letter below. It was written in response to somebody 's request. Make up a letter this person was responding to. Use your imagination and proper etiquette expressions.

Дорогая Стефани!

К сожалению, не получается у меня присоединиться к тебе в воскресенье. С удовольствием поехала бы с тобой в Кусково и рассказала бы тебе об этой бесподобной усадьбе Шереметьевых. Проблема в том, что я еду на вокзал встречать моего друга Тойво: он приезжает из Таллина, и я обещала его встретить и показать ему Москву.

Обнимаю,

Катя

*D7. Re*ad the letter below. It was written in response to somebody's request. Make up a letter this person was responding to. Use your imagination and proper etiquette expressions.

Здравствуйте, Николас!

С удовольствием встречусь с вами по поводу вашего доклада и порекомендую интересную литературу по переводу.

Эльвира Юрьевна

*D8. Re*ad the letter below. It was written in response to somebody's request. Make up a letter this person was responding to. Use your imagination and proper etiquette expressions.

Привет, сестрёнка!

Не думаю, что такой отпуск у нас, Тонечка, получится. Если уж ехать в отпуск всем вместе, то надо выбирать место, которое интересно всем: тебе, мне и родителям тоже. Боюсь, что от семи дней верховой езды на Урале, счастлива будешь только ты, а родители будут не очень довольны. Давай придумаем что-нибудь другое.

Целую,

Даня

VII. Безусловно. Я полностью разделяю вашу точку зрения.
How to agree and to disagree

A. Speech Etiquette phrases, expressions, and commentaries

A1. <u>Agreement</u>:

Безусловно.

Совершенно верно.

Это правда.

(Это) действительно (так).

Это так.

Я совершенно с вами (тобой) согласен (-на).

С этим нельзя (невозможно) не согласиться.

Я (полностью) разделяю вашу (твою) точку зрения.

Этого нельзя отрицать.

Вы/ты абсолютно правы/прав.

A2. <u>Partial agreement</u>:

В какой-то мере (степени) я с вами/тобой согласен (-на).

В какой-то мере (степени) это так (верно).

В какой-то мере (степени) вы/ты правы/прав(а).

А3. Disagreement:

Отнюдь[18] нет.

Не могу с вами/тобой согласиться.

Совсем (даже) нет.

Нет, это (делеко, абсолютно) не так.

Это (совсем, далеко, абсолютно) неправильно (неверно).

Это неправда.

Вы/ты совсем (далеко, абсолютно) не правы/прав(а).

(Этого) не может быть.

Ничего подобного.

Как раз нет (наоборот).

(Совсем) не могу с вами (тобой) согласиться.

Абсолютно (совсем) не согласен (-на) с вами (тобой).

(Ну) разве можно с вами/тобой согласиться?

(Ну) что вы/ты!

(Ну) разве это так!

Позвольте (разрешите) с вами не согласиться (formal).

Боюсь (мне кажется), что это не так (что вы неправы).

В это (этому) трудно поверить.

Я бы этого не сказал (-а).

Вы ошибаетесь / ты ошибаешься.

Совсем (как раз) наоборот.

---

[18] Adverb. Synonyms – совсем, вовсе. *Отнюдь нет* – not at all.

A4. Partial disagreement:

Не совсем is often used to express partial disagreement.

Это не совсем так (верно).

Вы/ты не совсем правы/прав(а).

Я не совсем уверен(-а), что это так.

Я не совсем согласен(-а).

A5. Expressing doubt, hesitation:

Вряд ли это так.

(Очень) сомневаюсь, что это так (чтобы это было так)...

Маловероятно, чтобы...

Вы/ты шутите/шутишь!

Вы/ты это всерьёз?

Правда?

Неужели?

Вы/ты уверены/уверен(а)?

Это действительно так?

A6. Expressing opinion:

Я думаю, что...

На мой взгляд...

Я считаю, что...

По моему мнению,...

С одной стороны..., с другой стороны...

Read and analyse:

1.

- Я думаю, что наш новый менеджер – очень грамотный и очень симпатичный.

- Боюсь, что ты неправ. Мне он совсем не по душе.

- Ну что ты! Он такой приветливый, умный, с чувством юмора.

- Это далеко не так. Он просто притворяется, что он хороший. Помимо этого, он слишком молодой, у него мало опыта.

- Ничего подобного!

- Давай не будем об этом спорить: у тебя своё мнение, а у меня своё.

- А вот с этим нельзя не согласиться: как говорится, о вкусах не спорят.

2.

Тим: -Кошки – самые лучшие[19] домашние животные, самые интересные, самые смешные.

Лин: -Разве это так? На мой взгляд, собаки смешнее и ннтереснее кошек.

---

[19] *Лучший* is both superlative and comparative form of *хороший*. «*Самый лучший*» combination is firmly established in colloquial speech (it is similar to *the very best*, where *very* is used to emphasize the superlative form. *Самый хороший* = *лучший*. *Самый лучший* = *наилучший* (толковый словарь Ушакова).

Тим: -Совсем даже нет! Лучше кошки друга нет. Собаки преданные, но они не такие нежные, как кошки.

Лин: -Абсолютно не согласна. Собака – друг человека, а кошка, как говорится, гуляет сама по себе.

Тим: -Вы это всерьёз? Ну, а хомяки вам нравятся? Они маленькие, не гуляют сами по себе, живут в клетке.

Лин: - С одной стороны, это так, но с другой стороны, хомяк не может быть другом, как собака. Собака – самый лучший питомец.

Аня: -Я думаю, что самое лучшее животное – это рыба. Смотришь на рыб, успокаиваешься, и не хочется спорить....

- У вас повышенное давление, - говорит врач пациенту-рыбаку.
- Это всё из-за рыбалки...
- Я думал, рыбалка, наоборот, успокаивает...
- Я полностью разделяю вашу точку зрения, доктор, но я ловлю рыбу в запрещённом месте, понимаете?

B. Drills

B1. <u>Agreement</u>:

Agree with the statements and add your comments. Don't repeat the same form of agreement twice.

- Вася Печкин – лучший скрипач в школьном симфоническом оркестре.
- Это действительно так. Он талантливый и много занимается.

1. Джон сегодня ни с кем не разговаривает. Может, он болен.

2. У Ореховых такая красивая дача! Столько цветов и деревьев!

3. Блюма – добрая душа. Она всегда помогает друзьям.

4. У Эмили такой красивый сад! Там есть розы, пионы, гвоздики и даже гладиолусы.

5. Эти попугаи слишком много говорят.

6. У нашей кошки Матрёны плохое настроение.

7. Мне кажется, что в ГУМе всегда можно купить хороший подарок.

8. Твоя собака Зени никогда не лает. Какая она тихая!

9. Такой тёплой погоды в Петербурге давно не было.
_____
_____

10. Руслан всегда создаёт конфликты.
_____
_____

B2. Partial agreement:

Вы живёте в семье Рыбкиных в Петербурге. Рома, 9-летний сын вашей хозяйки, очень любит политику. Рома смотрит новости несколько раз в день, у него всегда есть мнение о том, что происходит в мире. Он любит высказывать своё мнение и хочет знать, согласны ли вы с ним. Если вы лишь частично  согласны с мнением Ромы, как вы ему это скажете? Напишите два варианта частичного согласия.

1._____

2._____

B3. Disagreement

Disagree with the statements and add your comments. Don't repeat the same form of disagreement twice.

- Это очень маленький гамбургер.
- Я бы этого не сказал. Даже вот в меню написано - «Гигант».

1. Деловая газета "Взгляд" намного интереснее деловой газеты "Маркер".

   _____
   _____

2. Белый медведь – самый крупный зверь в Московском зоопарке.

   _____
   _____

3. Малый зал Санкт-Петербургской консерватории намного красивее, чем Большой зал.

   _____
   _____

4. Зина постоянно жалуется. Она всегда чем-то недовольна.

   _____
   _____

5. Велосипед «Школьник» - это велосипед для детей дошкольного возраста.

   _____
   _____

6. Борщ с фасолью намного вкуснее, чем борщ с квашеной капустой.

7. Голубь – это самая маленькая птица в мире.

8. Валерия Лукьяновна в отпуске. Она уехала на юг Франции.

9. Самое важное человеческое качество – это интуиция.

10. Нет разницы между словами «здесь» и «там». Они синонимы.

B4. <u>Partial disagreement</u>:

Express partial disagreement with the statements and add your comments. Don't repeat the same expression of partial disagreement twice.

-Билеты в музей насекомых – самый хороший подарок для Насти. Она так любит природу!

- -Я не совсем с тобой согласна. Настя любит природу, но я не думаю, что она очень любит насекомых.

1. Важный и важнейший – это одно и то же.

   _____
   _____

2. Любимый цвет человека много говорит о его характере.

   _____
   _____

3. Мужчины намного сентиментальнее, чем женщины.

   _____
   _____

4. Самое главное для студентов – это помнить об экзаменах.

   _____
   _____

B5. Expressing doubt, hesitation:

Express doubt / hesitation about the statements and add your comments. Don't repeat the same expression of doubt / hesitation twice.

- Я знаю, что днём коала спит, а ночью ищет еду.
- Ты это всерьёз? Я думала, что коала спит ночью, а днём лазает по деревьям.

1. У скромных людей всегда бывает слабый характер.

   _____

2. Между прочим, чем больше уши – тем длиннее жизнь!

   _____

3. Макдоналдс около метро Новослободская -- намного лучше Макдоналдса на Ладожской улице.

   _____

4. Метро в Нью-Йорке красивее и чище, чем метро в Москве и в Петербурге.

   _____

5. Самое важное качество лидера – это привлекательная внешность.

   _____

B6. Expressing opinion:

1. Using *Я думаю,* say that Hermitage in St. Petersburg is one of the most interesting and largest museums in the world.

   _____
   _____
   _____

2. Using *На мой взгляд,* say that *Каникулы строгого режима* is the funniest Russian comedy.

_____

3. Using *Я считаю, что,* say that tennis is the most popular sport.

_____

4. Using *По моему мнению* (or *По-моему*), say that jazz is considered to be the most popular American genre of music.

_____

5. Using *С одной стороны.., с другой стороны...,* say that you would love to take guitar lessons, but you know that you won't have enough time to do your homework if you do.

_____

_____

C. Learning Scenarios

Agreement, disagreement:

C1. Действующие лица (3): американские студенты Ана и Том, их русская подруга Алёна. Действие происходит: «Кафе Пушкинъ», Москва, Тверской бульвар.
Алёна, Ана и Том заказали десерт.
Ожидая десерт, студенты говорят о шоколаде. Ана говорит, что постоянно

покупает шоколад в Москве и считает русский шоколад самым вкусным в мире. Алёна охотно соглашается, а вот Том не согласен. Он любит другой шоколад. Разыграйте разговор между Алёной, Томом и Аной.

C2. Действующие лица (3): американская студентка Эмили, её хозяйка Александра Витальевна, сын хозяйки Петя. Действие происходит: комната Пети.

Петя, сын хозяйки Александры Витальевны, хочет иметь собаку, но Александра Витальевна предлагает ему хомяка. Петя не согласен: он считает, что хомяк – это неинтересное животное, и что играть с ним скучно. У американской студентки Эмили в детстве был хомяк, и хотя с собакой его сравнить трудно, она соглашается с Александрой Витальевной и пытается убедить Петю, что хомяк может быть даже очень симпатичным другом для него. Разыграйте сценку.

C3. Действующие лица (3): американская студентка Молли, её подруга Уля, хозяйка Молли Эльвира Васильевна. Действие происходит: гостиная Эльвиры Васильевны.

Хозяйка Эльвира Васильевна жалуется на то, что её дочь Кристина проводит слишком много времени за компьютером и перед телевизором. Молли, американская студентка, не согласна со своей хозяйкой. Она пытается успокоить Эльвиру Васильевну и объяснить ей положительные стороны работы с компьютерами. Подруга Молли, Уля, согласна с Эльвирой Васильевной: она считает, что сидеть перед экраном слишком долго – вредно. Лучше общаться с людьми лично или по телефону, а не виртуально. Разыграйте сцену их разговора.

Partial agreement:

C4. Действующие лица (2): Андрей, его американский друг Дру. Действие происходит: квартира Андрея в Петербурге.

Андрей и его американский друг Дру только что посмотрели по телевизору шоу «Кто умнее пятиклассника?» Дру в восторге от шоу: развлекательно, познавательно, прекрасная практика аудирования. Он считает, что если будет смотреть подобные шоу каждый день, то будет отлично понимать русский. Андрей согласен лишь частично: упражнение по аудированию, действительно, хорошее, но это шоу слишком сильно напоминает американское шоу «Are You Smarter Than a 5th Grader?» Андрей считает, что русские скопировали это шоу у американцев, и ему это не нравится. Андрей говорит, что в России много талантливых людей, и они могут придумывать отличные шоу сами. Составьте диалог Дру и Андрея.

C5. Действующие лица (2): американский студент Брус, мама его хозяйки Ольга Прокофьевна. Действие происходит: кухня хозяйки.

Бабушка Ольга Прокофьевна попросила американского студента Бруса подождать пока она дожарит пирожки: он обязательно должен попробовать её пирожки с мясом и с капустой! Бабушка любит разговаривать с Брусом: она часто рассказывает ему о своей молодости и спрашивает его о жизни в Америке. Брус знает, что бабушка очень любит ходить в театр и в кино со своей подругой. Он спрашивает её, смотрела ли она фильм «Прогулка по Парижу». Брусу очень понравился фильм и музыка из этого фильма, хотя в фильме и нет «голливудского» (счастливого) конца. Ему было бы интересно узнать, что думает Ольга Прокофьевна. Брусу также интересно, какие фильмы и спектакли нравятся бабушке, а Ольге Прокофьевне интересно, что нравится Брусу. Разыграйте сцену диалога Ольги Прокофьевны и Бруса.

D. Written Assignments

D1. Давид и Лида – студенты факультета лингвистики. Они собираются делать большую работу вместе и думают, что для этой работы нужны 3-4 студента. Давид пишет сообщение Лиде, предлагая попросить их одноклассника Костю быть их партнёром (Давид объясняет почему Костя, по его мнению, был бы хорошим партнёром). Лида с ним не соглашается. Она пишет Давиду, что он переоценивает Костю и объясняет почему. Напишите два электронных письма.

D2. У хозяйки американской студентки Кристин есть сестра Полина Дмитриевна. У Кристин и Полины Дмитриевны есть что-то общее – они страстно любят театр. Кристин знает, что ей очень полезно писать по-русски. Она пишет сообщение Полине Дмитриевне о своих впечатлениях от спектакля-трагикомедии театра на Малой Бронной «Поздняя любовь». Приятно поделиться впечатлениями со знающим человеком! Полина Дмитриевна пишет Кристин восторженный ответ, высказывает своё мнение о спектакле. Напишите два письма.

D3. Внизу приведено письмо Павла Павловича, преподавателя инженерного факультета, коллеге Зое Емельяновне. Представьте, что вы Зоя Емельяновна и напишите ответ Павлу Павловичу:

Уважаемая Зоя Емельяновна,

Когда будет свободная минутка, взгляните на книгу, которую я оставил на Вашем столе. Рад видеть новую книгу о строительстве мостов и тоннелей в мегаполисах. Я считаю, что надо купить несколько экземпляров для наших студентов. Что скажете? Интересно узнать Ваше мнение.

Павел Павлович

D4. Стас, Марина, Алёна и Володя – аспиранты, старые друзья. Стас пишет письмо друзьям (приведено внизу). Напишите три ответа от друзей Стасу: Марина полностью согласна с его мнением, Алёна не согласна, а Володя выражает удивление.

Ребят,

Что думаете по поводу отпуска в июле? Опять на Кипр, как в прошлом году? Я думаю, что надо взять машину и путешествовать по острову. Могу начать над этим работать, буду планировать. Чистые пляжи, византийская архитектура, венецианские крепости, британское левостороннее движение. Чем не рай?

Стасик

VIII. Какие могут быть извинения! Какой пустяк!

How to apologize and accept apologies

A. Etiquette phrases, expressions, and commentaries

A1. Извините (пожалуйста) (за то, что..... or за +Accusative).

    Простите (пожалуйста) (за то, что..... or за +Accusative).

Извините и *простите* are synonymous expressions of apology. *Простите* can always be a substitute for *Извините*. *Извините* though is not always a good substitute for *простите*: in situations where bigger (more serious) fault is the case, *извините* shouldn't be used. Thus, when you are late, you can say either *извините* or *простите*, but when you betrayed somebody's trust, *извините* is not going to be appropriate. *Простите* has an element of higher emotion and drama, and is more substantial and appropriate.

A2. Другие синонимы "Извините":

Прошу прощения.
Если можете, простите меня (пожалуйста).
Я должен (-на) извиниться перед вами/тобой.
Тысяча извинений. (more casual and playful than other expressions)

Formal

Я хочу попросить у вас прощения
Приношу мои (глубокие) извинения.
Примите мои (глубокие) извинения.

Sometimes additional language is added to apologies, such as:

Я не хотел вас/тебя обидеть.
Не серди(те)сь.
Я виноват(а) перед вами/тобой.
Мне стыдно (неудобно); что так всё произошло (получилось).

A3. Response to apologies:

Most frequent responses to apologies:

Ничего (страшного).
Пожалуйста.
Не стоит извинения.
Какая мелочь (пустяк, ерунда)!
Да (ну) что вы!
(Ну) какие могут быть извинения?
Не извиняйтесь! (usually accompanied by *Какие пустяки!* or some other additional language).
Я принимаю ваши извинения (formal).

Casual, among friends/relatives:

(Ну) ладно (уж)!

(Ну) так (уж) и быть!

(Ну) что же (тут) поделать!

A4. <u>Slang</u>:

Although it is not a good idea to use these expressions, it is good to know what they mean and recognize them if you happen to hear them.

Пардон (Pardon)

Сорри (Sorry)

Пардоньте (Imperative form: the English *Pardon*).

-Пардоньте за опоздание. Жуткие пробки на дорогах.

-Ты же вот, прямо здесь живёшь.

-Сорри, я забыл, что ты знаешь.

-Так уж и быть, прощаю.

Read and analyse:

1.

-Наталия Сергеевна, простите, пожалуйста, за то, что я не смог прийти на собрание вчера. У меня так болела голова! Я выпил лекарство и заснул.

-Ничего страшного, Гена. Я понимаю.

-Представляете, я завёл будильник и не слышал его! Мне очень неудобно, что так получилось.

-Я принимаю ваши извинения. Не волнуйтесь. Давайте назначим встречу, вы придёте ко мне в офис, и я расскажу вам о том, что было на собрании.

-Спасибо, Наталия Сергеевна. В какое время вы свободны завтра?

- Вы можете прийти в два часа?

-Да, это удобное время.

-Ну вот и отлично. Тогда до завтра.

-До завтра, Наталия Сергеевна.

2.

В трамвае:

— Молодой человек! Вы меня так сильно толкнули, а ваше извинение мне показалось слишком коротким!
— Приношу мои глубокие извинения! Мне очень неудобно, что я вас толкнул. Тысяча извинений. Я не хотел вас обидеть. Очень виноват перед вами. Если можете, простите меня.

-Не стоит извинения.

3.

-Лёшенька, прости пожалуйста, я опоздала.

-Ну что ты, Света. Это я пришёл на час раньше.

-У меня были всякие проблемы...

-Какие проблемы?

-Лёш, ты сам придумай, хорошо?

B. Drills

B1. Apologize using different etiquette expressions every time. Add an explanation.

1. To your friend Tanya for leaving her book at home.

   _____

2. To your Russian instructor Sveta for not completing your homework on time.

   _____

3. To your host family's son Roma for not making it to his birthday party.

   _____

4. To your mom for not calling home or writing for two weeks.

　　_____

B2. Respond to the following apologies using different etiquette phrases every time:

1. –Зоя Антоновна, я хочу попросить у вас прощения за то, что я так сильно опоздал на нашу встречу. Мне очень неудобно.

　　_____

2. –Зинуля, я совсем забыла зайти к тебе после работы. Тысяча извинений. Не сердись пожалуйста.

　　_____

3. –Павлик, прости, пожалуйста, что я не смогла прийти на твой концерт. Меня сильно задержали на работе.

　　_____

4. –Люда, я забыла принести тебе рецепт клубничного торта. Я совсем замоталась. Если можешь, извини меня, пожалуйста.

　　_____

5. – Мария, я не смог купить хлеб после работы. Прошу прощения.

　　_____

B3. Read the humorous dialog # 2 from "Read and Analyze" section. Fill in the two empty speech bubbles with some other synonymous expressions the young man could use.

_____

_____

C. Learning Scenarios

C1. Действующие лица (2): Ронда и Дима. Действие происходит: Пушкинская Площадь. На одной стороне кинотеатр Россия, на другой - Макдоналдс. Между ними – метро.

Ронда стоит около метро и ждёт подругу. Когда она придёт, они вместе пойдут праздновать день рождения друга в новом китайском ресторанчике неподалёку. Подруга всё не идёт, опаздывает. Мимо Ронды проходит Дима с молочным шоколадным коктейлем в руках (в Макдоналдсе купил). Людей много – все бегут к метро. Диму кто-то толкает, и его шоколадный коктейль проливается на белые брюки Ронды. Ронда шокирована и расстроена. Придумайте разговор Ронды и Димы.

С2. Действующие лица (2): московская студентка Валентина, американская студентка Рэчел. Действие происходит: на скамейке, около дома Валентины.

Валентина, московская студентка, приглашает американскую студентку Рэчел в гости. Рэчел приходит к Валентине в 4 часа, как договорились. Собака Рози лает, а дверь никто не открывает. Похоже, Валентины нет дома. Рэчел спускается вниз и садится на скамейку около подъезда. Через 25 минут Валентина появляется. Составьте диалог Валентины и Рэчел. Подумайте не только о выражениях речевого этикета, но также о развитии разговора девушек. Почему Валентина опоздала? Что скажет Рэчел Валентине? Что они решат делать у Валентины дома?

С3. Действующие лица (2): Женя, её подруга Мариан. Действие происходит: памятник Пушкину, около станции метро Пушкинская в Москве.

Женя стоит около памятника Пушкину на Пушкинской площади и ждёт американскую подружку Мариан. Она опаздывает на 20 минут. Мариан едет на троллейбусе и жалеет, что не поехала на метро. Она попала в большую пробку, и теперь ей очень неудобно, что она заставляет подругу ждать. Она получает смс-ку от Жени: «Я уже обо всём поговорила с Пушкиным ☺». Мариан рада, что у подруги есть чувство юмора, но она понимает, что ей надо будет извиниться перед Женей. Разыграйте сцену их встречи.

С4. Действующие лица (2): американка Мэгги, её русская подруга Дина.

Мэгги училась в Петербурге во время осеннего семестра. Ей очень понравилось в России, она нашла несколько прекрасных друзей. Её подруга Дина скоро должна приехать в Филадельфию, и девушки договорились, что они обязательно встретятся и проведут время вместе. Мэгги очень рада, когда Дина звонит из Филадельфии, но она тут же огорчается, когда Дина сообщает, что сегодня – её последний день в городе. Вечером она улетает обратно в Петербург. Поздний звонок подруги расстроил Мэгги. У неё было столько планов, она готовилась к приезду Дины! Разыграйте телефонный разговор между подругами.

С5. Действующие лица (2): студентка Марта, соседка её хозяйки Светлана Антоновна. Действие происходит: сперва на лестнице, потом в квартире Светланы Антоновны.

Американская студентка Марта забыла ключи от квартиры хозяйки, а хозяйки нет дома. Марта стоит на лестнице, когда с работы возвращается соседка хозяйки Светлана Антоновна (они знакомы). Светлана Антоновна здоровается с Мартой и, услышав о её проблеме, приглашает её зайти к ней и подождать хозяйку у неё. На лестнице – скучно, на улице ждать – холодно. Марта соглашается. Светлана Антоновна предлагает Марте пользоваться компьютером и делает ей чай с абрикосовым вареньем. Хозяйка Марты приходит домой через два часа. Марта извиняется за причинённые неудобства: она понимает, что Светлана Антоновна пришла с работы усталая и, возможно, хотела проверить сообщения или поспать, но, т.к. её квартира была очень маленькая, в присутствии гостьи это было невозможно. Разыграйте два диалога: 1. Встреча Марты и соседки на лестнице, 2. Разговор Марты и Светланы Антоновны, происходящий когда Марта собирается уходить (после прихода хозяйки домой).

С6. Действующие лица (2): американская студентка Джени, её подруга Маша.

Джени в Москве во время Масленицы. Её подруга Маша очень много рассказывает Джени о своей тёте, а тёте о Джени. Тётя Маши очень хочет познакомиться с подругой племянницы и приглашает девушек на блины. Они договариваются на вторник, но у Джени неожиданная встреча в университете. Потом они договариваются на среду, но у Джени температура и она очень плохо чувствует. Джени извиняется перед Машей и заочно перед тётей Маши за то, что отменяла встречи два раза и обещает, что больше не будет менять планы и они обязательно пойдут к тёте Маши на блины до окончания Масленицы. Подруги договариваются о новой встрече. Разыграйте сценку их телефонного разговора.

C7. Действующие лица (2): американская студентка Дайан, её хозяйка Наталия Аркадьевна. Действие происходит: квартира хозяйки.

Хозяйка американской студентки Дайан просит её отправить поздравление с Днём рождения её сестре, которая живёт в Америке. Дайан с удовольствием соглашается: она проходит мимо почтового ящика каждый день по дороге в университет. Через две недели, когда Дайан вытаскивает учебник из школьной сумки, из сумки вылетает открытка, которую хозяйка Наталия Аркадьевна просила отправить. Какой кошмар! Дайан совсем забыла о поручении хозяйки. Насколько она помнит, день рождения сестры Наталии Аркадьевны - сегодня! Разыграйте разговор между Дайан и Наталией Аркадьевной.

D. Written assignments

D1. Жанна не может дозвониться Марку и посылает ему сообщение. Она извиняется за то, что не может пойти с ним в цирк на новое шоу «Юбилейный Экспресс». Жанна очень любит цирк и приняла приглашение Марка, но сейчас обстоятельства складываются так, что она не сможет к нему присоединиться. Что случилось? Напишите два электронных письма: от Жанны Марку, от Марка Жанне.

D2. Преподаватель русской истории Тимофей Иванович согласился встретиться с Шэрон для обсуждения её курсовой работы. Шэрон не смогла приехать на встречу и не смогла позвонить. У неё уважительная причина (какая?) Она пишет Тимофею Ивановичу, чтобы извиниться. Тимофей Иванович отвечает Шэрон. Напишите два сообщения.

Read the letters below. They were written in response to somebody's electronic letters. Make up letters people in *D3* and *D4* are responding to. Use your imagination and proper etiquette expressions.

D3. Внизу приведён ответ репетитора Наталии Олеговны её студенту Саше. Что написал ей Саша? Придумайте текст его письма, соответствующий ответу репетитора.

Дорогой Саша!

Со всяким может такое случиться. Не извиняйтесь. Выздоравливайте побыстрее.

Наталия Олеговна

D4. Ознакомьтесь с электронным ответом Любы её подруге Кларе. Придумайте и напишите письмо, которое Клара получила от Любы.

Любочка,

Ну, какие тут могут быть извинения? Это всего лишь книга, можно купить новую. Не переживай! Не думай об этом!

Обнимаю,

Клара

IX. Какая ерунда! Разве из-за этого можно расстраиваться!
How to express support, compassion, and sympathy

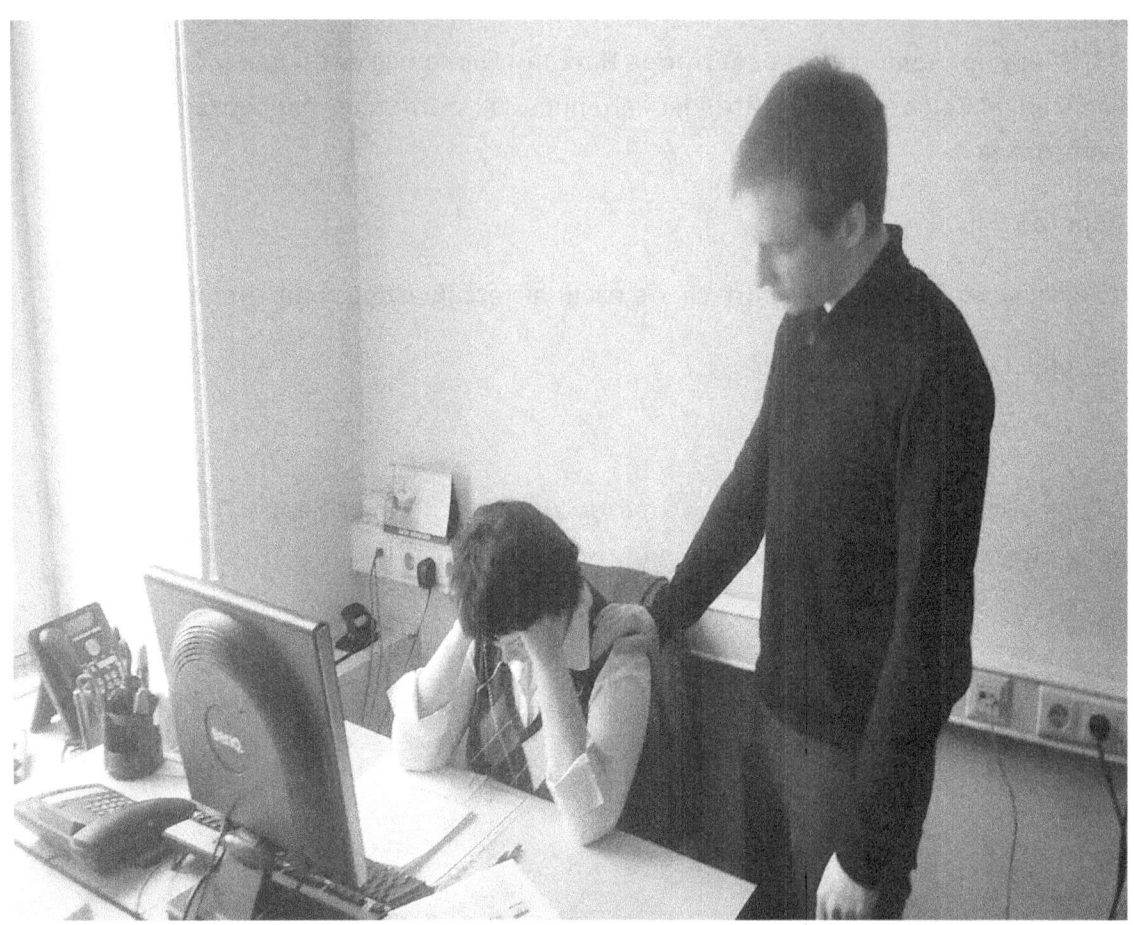

A. Speech Etiquette Phrases, Expressions, and Commentaries

A1. What distinguishes words of compassion and comfort that Russians express in formal circumstances from those that they express to friends and family? Sometimes Russians tend to add "fillers", such as *слушай, знаешь, так, как*. Compare:

- Я вам сочувствую!

Слушай, я тебе так сочувствую!

- Я вас понимаю.

Знаешь, я так тебя понимаю!

- Мне жаль, что так случилось.

Слушай, мне ужасно жалко, что так случилось.

There is a wide range of comfort expressions: from very light, casual, when something not very significant happened to very strong, dramatic, when something serious occurred in someone's life. Compassion is often expressed with an offer of advice. Typically, Imperative forms are used to communicate such advice.

A2. When something not very significant happens (something that is not going to matter in several days from the time of occurrence):

Не обращай внимания.

Не принимай близко к сердцу.

Забудь об этом.

Не думай об этом.

Выбрось из головы.

Some would choose to add their opinion on how minor what happened really is:

Чепуха (ерунда) какая!

Какие пустяки!

Какая ерунда!

Разве из-за этого можно расстраиваться?

A3. More neutral expressions can be used to comfort in a variety of circumstances:

Не волнуйся (не беспокойся, не огорчайся, не расстраивайся, не нервничай, не переживай, не горюй).

Успокойся, не падай духом, держи себя в руках.

Sometimes optimistic encouraging statements can be added, such as:

Всё кончится прекрасно!

Всё будет хорошо!

Всё, что ни делается - к лучшему! or Может, это и к лучшему! (the former is a Russian proverb, the latter is a shorter way to incorporate its wisdom in everyday conversation).

As they comfort someone, Russians tend to remind that there are things in life that *are not in our control* (it's pointless to feel bad about something, if we can do nothing to change it):

Всякое бывает.

Что же тут поделаешь!

Ничего не поделаешь!

Тут уж ничего не изменишь.

Ничем тут не поможешь.

When someone is upset, it is nice to hear that what happened is not his (her) fault. In such situations Russians would use:

Ты не виноват(а)!

Это не твоя вина!

Ты тут ни при чем.

Ну а ты-то тут при чем?

Words that share your personal perspective are sometimes included:

Как я вас/тебя понимаю!

Я так вам/тебе сочувствую!

In tune with the above phrases (yet with an element of encouragement to stay calm) are phrases with modal words *надо, нужно, должны(ен)*+Infinitive:

Тебе надо выбросить это из головы!

Не нужно так сильно нервничать!

Вы должны успокоиться!

A4. Condolences

Russians use phrases of condolences (such as *Я вам соболезную*) when a loved one passed away. If someone is terminally ill, words like «соболезную» or «утрата» (loss) should not be used. *Сочувствую* is an appropriate word in such situations.

Phrases of condolences are not many; quite often they are used in writing.

Я вам искренне (от всей души, глубоко) соболезную.

Я приношу вам мои искренние (глубокие) соболезнования.

Разрешите выразить вам мои искренние (глубокие) соболезнования.

Я разделяю (понимаю) ваше горе.

Sometimes emotional words are added, dramatic and solemn:

(Какое) у вас большое горе (несчастье)!

Какая ужасная (невосполнимая) утрата!

Какое тяжелое (невероятное) горе!

A5. <u>Slang</u>:

It is not a good idea to use these expressions, but it is good to know what they mean and recognize them if you happen to hear them.

Ну, не парься! (*пар* – steam, the expression is similar to the American "don't sweat it", although it's not the exact equivalent).

Don't worry! (this is a borrowing, and Russians say it in English).

(Вот) кошмар! (Equivalent of *horrible!, awful!* is used to express understanding of the problem).

Всё будет пучком! (*пучок* - bundle, bunch; the expression is used to convey that everything will be all right, it'll all work out).

Держи хвост пистолетом (морковкой, трубой)! – keep your tail up, like a gun (carrot, pipe)! These are used to wish someone to be optimistic and cheerful about life or to cheer someone up in difficult circumstances.

-Понимаешь, я не могу выбросить мою бывшую любовь из головы! Как ты думаешь, что мне делать?

-Даже не знаю, что сказать… Очень жаль! Боюсь, что в таком случае, тебе придётся выбросить голову!

-Я серьёзно тебя спрашиваю!

-А я тебе серьёзно отвечаю – не парься! Держи хвост трубой!

-Легко сказать – трудно сделать.

- Всё будет пучком. Вот увидишь!

Read and Analyze:

1.

-Надь, я просто не понимаю, как Коля мог сказать мне такие обидные слова! Я не могу успокоиться и не могла заснуть всю ночь!

-Не принимай это близко к сердцу, Жень. Ты же знаешь Колю! Он сперва говорит, потом думает. Я уверена, что он уже жалеет, что тебя обидел.

-Я знаю, но успокоиться всё равно не могу.

-Я тебя понимаю. На словах всё легче, чем на деле. Самое главное – ты не виновата. Я уверена, что всё кончится прекрасно!

-Будем надеяться. Спасибо за добрые слова.

2.

-Толик, ты какой-то вялый сегодня!

-Ты правильно подметила, Марина. Я участвовал в конкурсе Архитектурных Концепций в МГУ. Мой проект в финал не прошёл.

-Слушай, я тебе сочувствую!

-Спасибо, Марин.

-Знаешь, самое главное – это участие. Участие – это прекрасный опыт, который тебе поможет во многих других конкурсах. Намного хуже – вообще не участвовать. Всё, что ни делается, – к лучшему!

-Да, вот и мой брат мне говорит, что когда одна дверь закрывается, то открываются другие, но мне всё равно как-то грустно.

-Тут уж ничего не изменишь, Толя. Не думай об этом. Пойдём в кафе! Я тебя приглашаю на десерт, это всегда поднимает настроение.

B. Drills:

B1. What a day! All your friends feel a little down and complain about a problem. Find words of support and consolation for them, offer advice. Make sure you don't use the same etiquette phrase more than once.

1. Роза:

-Я потеряла паспорт. Везде искала: в квартире, в машине, на даче, в карманах, во всех сумках. Нигде нет.

_____
_____
_____

2. Денис:

-От меня ушла девушка. Я уже целый месяц в депрессии.

_____
_____
_____

3. Фаина:

-Знаешь, у меня вчера сумку украли, а в сумке ключи от квартиры, деньги. Я вчера у соседей спала.

_____
_____
_____

4. Станислав:

-Я подавал документы на должность генерального прокурора. Меня не взяли, сказали, что опыта работы недостаточно.

_____
_____
_____

B2. Stasik, your host family's eight year old son, lost his turtle. Read the details of the situation and use different etiquette expressions to offer support from different members of Stasik's family and friends.

Сын вашей петербургской хозяйки Стасик ужасно расстроен. Он пошёл гулять с друзьями и взял с собой черепаху Дракошу. Стасик качался на качелях и поставил Дракошу неподалёку, так, чтобы он мог её видеть. Дракоша ходит очень медленно.

Стасику и в голову не могло прийти, что она может уйти. Стасик искал Дракошу несколько часов, но не нашёл.

Стасика успокаивает вся семья и его друзья. Что они говорят Стасику? Какие слова утешения нашли для него вы?

Мама:

_____

Папа:

_____

Дедушка:

_____

Бабушка:

_____

Друг Антоша:

_____

Подруга Даша:

_____

Вы (американский студент):

_____

C. Learning scenarios

C1. Действующие лица (2): студентки Аня и Тина. Действие происходит: по дороге в университет солнечным утром.

Аня очень расстроена из-за того, что потеряла очки. Она жалуется знакомой Тине, говорит, что вот только вчера долго выбирала очки в ГУМе, стояла в очереди, потеряла много времени, купила замечательные очки, и вот — они упали у неё с головы. Аня винит себя за привычку поднимать очки на голову и забывать о них. Тина пытается утешить и подбодрить подругу, даёт ей совет. Составьте диалог.

C2. Действующие лица (2): студентки Гейл и Алла. Действие происходит: в вестибюле (лобби) университета.

У подруги Гейл Аллы плохое настроение: она не хочет зайти в кафе на чай, отказывается пройтись по магазинам. Гейл знает, что что-то случилось. Она спрашивает подругу в чем дело. Алла рассказывает Гейл, что она рассталась с другом Эдиком: они не общаются уже почти две недели. Гейл знает, что Алла и Эдик расставались уже несколько раз, и она почти уверена, что они опять будут вместе, но Аллу трудно утешить: она уверена, что на сей раз они расстались навсегда. Гейл сочувствует, но что посоветовать и как помочь? Составьте диалог Гейл и Аллы.

С3. Действующие лица (2): студенты Линда и Дима. Действие происходит: столовая университета.

Дима не сдал экзамен по математике, он очень расстроен. Дело в том, что он хотел  **поехать в Гданьск (Польша) в гости к его другуАреку, после экзаменационной сессии, а теперь все планы разрушены: ему надо пересдавать экзамен. Он понимает, что ему надо было меньше ходить на вечеринки и больше заниматься, но теперь уже ничего не поделаешь — надо опять садиться за учебники и отложить поездку в Гданьск. О Польше он будет только мечтать. Линда хочет утешить друга. Что она скажет? Что посоветует? Составьте диалог Линды и Димы.**

С4. Действующие лица (3): молодой программист Валерий, его сестра Настя, его подруга Кристина. Действие происходит: квартира Валерия.

Валерий — молодой программист, работавший в фармацевтической компании. У него неприятности — несколько дней назад его сократили. Теперь у него нет работы. Он не ест, не пьёт, только читает газеты. Сестра Настя и подруга Кристина пытаются его успокоить, что-то посоветовать. Разыграйте сценку.

D. Written exercises:

D1. Динара пишет письмо Насте, жалуется на то, что очень плохо написала курсовую работу: замоталась, закрутилась, а тут и время сдавать работу. Динара, конечно, рассказывает Насте, почему она не достаточно серьёзно занималась. Настя утешает Динару, даёт совет. Составьте два электронных письма.

D2. Хозяйка Алёна Никитична жалуется в ЖЭК [20](жилищно-эксплуатационный комитет) на очень шумных соседей. Придумайте историю. Что они делают так громко? Почему Алёна Никитична так встревожена, что чувствует необходимость жаловаться начальнику ЖЭКа? Начальник ЖЭКа Андрей Васильевич Петухов отвечает Алёне Никитичне. Напишите два письма.

D3. У Антона умерла любимая собака Грета. Антона не было в университете несколько дней, он был очень расстроен. Грета была его добрым другом и членом семьи почти 15 лет. Антон очень тяжело переносит её смерть. Однокурснику Рону очень трудно найти слова, но он хочет хоть как-то утешить друга. Он решил написать письмо Антону, выразить ему соболезнования.

---

[20] Approximate equivalent of Building Maintenance office

D4. Представьте, что вы Нора. Напишите ответ вашей расстроенной подруге Свете, от которой вы только что получили следующее письмо:

Милая Норочка!

Наверное, не получится сходить в ресторан в пятницу вечером. Я так занята, просто кошмар! Я думаю, что мне придётся бросить эту работу: я работаю 11 часов в день, а получаю за это очень мало. Вообще, жизнь зашла в тупик. Ну, а что у тебя слышно?

Целую,

Света

D5. Люда и Гена – супруги. Они собираются ехать в Болгарию, на курорт Золотые Пески, вместе с друзьями. Вдруг случается неприятность. Узнайте какая из письма Люды к Зине. Напишите ответ от Зины подруге Люде.

Зин, ты представляешь, Гена упал с лестницы вчера и сломал палец на ноге. Я повезла его в больницу, ему наложили гипс. Теперь он говорит, что ему трудно ходить, и он не знает, сможет ли поехать с нами на Золотые Пески во вторник. Вот так всегда: не было печали, черти накачали.[21] Что делать будем? Если он не поедет с нами, наверное, и мне оставаться придется. Очень расстроена. Что думаешь?

Обнимаю,

Люда

---

[21] There is no obvious English equivalent to this Russian proverb. Literally: we had no problems, so the devils "pumped" some into our life. Russians use this saying when things go very well, then an unfortunate event happens and ruins it all.

X.   –Вы прекрасно выглядите! -Спасибо за комплимент.

Etiquette of giving and accepting compliments

A. Etiquette phrases, expressions, and commentaries

A1. <u>Compliment on doing something or having particular qualities – high appraisal.</u>

Вы (ты) (такой, такая, такое, такие, так) + adjective/noun or adverb/verb.

Примеры: Вы (такой) талантливый скрипач! Вы (такая) прекрасная студентка! Вы (такие) отличные футболисты! Ты (так) хорошо рисуешь!

(Какой, какая, какое, какие, как) + adjective/noun or adverb/verb.

Примеры: (Какой) вы жизнерадостный! (Какая) ты терпеливая! (Какое) красивое зеркало! (Какие) живописные места! (Как) вы красиво поёте!

A2. <u>Compliment on work well done, praise, and encouragement.</u>

Вася, ты так красиво нарисовал жирафа!

Джони, вы прекрасно поработали над докладом.

Молодец / умница can be added at the beginning or at the end of the phrase, if the complement is addressed to a child, student, or someone you know well:

Дона, какие чудесные стихи ты сочинила! *Умница*!

A3. <u>Compliment on characteristic features of a person (**У вас/тебя**):</u>

У вас (тебя) + такой(ая, ие) + adjective/noun

У вас такой добрый характер!

У вас такая симпатичная улыбка!

У тебя такие интересные мысли!

(Какой (ая, ие)) у вас + adjective/noun or У вас такой (ая, ие) + adjective / noun

Какой у вас приятный голос! or У вас *такой* приятный голос!

Какая у тебя замечательная фигура! or У тебя *такая* замечательная фигура!

Какие у вас красивые глаза! or У вас *такие* красивые глаза!

Какие у вас вежливые дети! or У вас *такие* вежливые дети!

A4. Compliment on clothes, accessories, hair style/cut : Вам идёт (идут), вам к лицу:

There are several ways to give the same compliment, using *идёт, идут*: Вам (тебе) (так) *идёт* это платье! (Как) вам (тебе) *идёт* это платье! (У вас) (такое) красивое платье! (Какое) (у вас) красивое платье! *Вам к лицу* is synonymous to *вам идёт* most of the time. *Вам к лицу* shouldn't be used with items of clothes that are not close to the face, such as pants, jeans, shoes, socks.

It is not appropriate to say «идёт» or «к лицу» about body parts (глаза, волосы). Things you can compliment on using «идёт» or «к лицу» are not those that mother-nature gave you. They are clothes, shoes, accessories, etc. As always, context can alter this rule: if, for example, someone is wearing a wig or artificial hair at a costumed party and doesn't mind the world to know about it, you could say: "Вам идут эти волосы / вам идёт этот парик". Otherwise: Какие у вас красивые волосы! You can also say: У вас такая красивая причёска/ стрижка (hairdo/hair cut) or Вам идёт эта причёска /стрижка.

Тебе идёт это платье!

Вам к лицу этот цвет!

Эта блузка вам (очень) к лицу!

Вам (так) идут эти очки!

A5. Compliment after not seeing someone in a long time

Вы прекрасно (хорошо, великолепно, очаровательно, превосходно, молодо) выглядите!

Вы совсем не меняетесь (не изменились)!

(А) вы всё молодеете!

Вам/тебе нельзя дать (вам/тебе не дашь) + age of the person.

A6. Response to a compliment

(Большое) спасибо (за комплимент).

Ну что вы! Вы мне льстите!

После благодарности, русские иногда добавляют:

Очень мило с вашей стороны.

Мне очень приятно это слышать.

Рад (а), что вам понравился (ась, ось, ись)....

Иногда уместен ответный комплимент:

-Вы тоже хорошо выглядите.

-Спасибо, вы/ты тоже (то же можно сказать и о вас/тебе).

A7. Slang

Although it is not a good idea to use these expressions, it is good to know what they mean and recognize them if you happen to hear them.

Круто (cool)

Супер (super)

Классно (class act)

Респект (borrowing from English)

Уважуха (уважение)

Wow! (Russians actually say and write it in English)

В магазине «Молоко»:

-Спасибо за вашу помощь. Вы всегда меня классно обслуживаете. Я хочу написать вашему менеджеру о вашей крутой работе. Как вас зовут?

-Фёдор Достоевский.

-Wow! Супер! У вас такая красивая и известная фамилия!

-Ещё бы! Конечно, известная – я здесь уже двенадцать лет продаю молочные продукты. Меня все знают.

-Федя, у тебя такие волосы… чистые! Респект и уважуха!

-А у тебя, Лиза, духи – просто супер! Скажи пожалуйста, они для атаки или для самозащиты?

- Что?

-Это шутка, Лиза. Вот, настоящий комплимент: ты прекрасно выглядишь!

-Спасибо, Федя. Ты тоже.

Read and analyze

1.

-Женя, вам нравится мой борщ?

-Потрясающе вкусно, Мария Петровна! Вы такой прекрасный повар!

-Спасибо, Женя. Какой вы добрый! Вы всегда делаете комплименты, всегда находите добрые слова. Вы хотите ещё борща?

-Нет, Мария Петровна, спасибо. Я сыт.

-Тогда попробуйте мои тыквенные оладьи, а я вам чай налью.

-Вы их тоже сами приготовили?

-Конечно сама, кто же ещё?

-Как вкусно! Я такие оладьи никогда не пробовал, я только блины ел. Прекрасные получились оладьи!

-Рада, что вам понравилась моя еда, Женя.

2.

-У вас такая красивая дача, Аркадий Иванович!

-Спасибо, Николас. Я строил её лет 7 – 8.

-Не могу поверить, что вы сами построили этот дом! Верно говорят: у вас, действительно, «золотые руки»!

- Кто так говорит?

-Когда я познакомился с вашей семьёй, когда это было, между прочим? Уже, наверное, лет 10 назад. Ваша жена говорила тогда, что у вас «золотые руки». Я тогда не знал, что это значит, а вот теперь понимаю.

-Понятно-понятно. У меня для тебя тоже есть комплимент, Николас. У тебя энциклопедическая память!

3.

-Катюша, вы превосходно выглядите сегодня!

-Спасибо, Софья Адамовна. Я просто выспалась первый раз за несколько дней.

- Да, мы недооцениваем важность сна.

-Не говорите! Когда я высыпаюсь, мир выглядит по-другому. Я замечаю всё прекрасное вокруг! Погода сегодня замечательная, наш менеджер всё молодеет, а у вас, Софья Адамовна, очень красивая блузка сегодня. Этот цвет вам очень к лицу.

-Мне очень приятно это слышать, Катюша.

4.

-Линда, как тебе идут эти очки! Ты в них выглядишь супер умной!

-Это какой-то неудачный комплимент, Вадик. Ты что, хочешь сказать, что без этих очков я выгляжу глупой?

-Совсем даже нет. Ты права — комплимент не совсем удачный. Давай начнём сначала. Линда, какие у тебя красивые очки! Они тебе к лицу.

-Спасибо, Вадик. Мне приятно это слышать.

B. Drills

B1. Translate into Russian.

Your sister is such an intelligent young lady!

_____

This haircut is just right for you!

_____

You are an excellent designer!

_____

What a lovely party it was!

_____

You don't look your age!

_____

When did I see you? I think about 10 years ago, and you haven't changed a bit.

_____

B2. Make a compliment. Make sure you use different Etiquette expression every time.

Mariana has a wonderful personality. You think it's always a pleasure to be around her.

-Марьяна, у тебя такой замечательный характер! Я люблю проводить с тобой время.

1. Maho played the flute at the Evening of the Russian Culture. You really enjoyed her performance.

_____

_____

2. After returning from St. Petersburg, Karina painted a gorgeous picture of Nevsky Prospect. You are surprised: you didn't know she is such a good artist.

_____

_____

3. Garik came to work in a pale yellow shirt. You think that this color looks especially good on him.

_____

_____

4. Your host mother Suzanna's children are always polite! You really enjoy them. Let her know.

_____

_____

5. Five years after graduating from college you meet your friend Heidi. She looks amazing.

_____

_____

6. Your host Grigoriy has to attend an important formal event. You see him wearing a very nice suit. You think that the suit looks terrific on him.

_____

_____

B3. Respond to the following compliments. Use a different etiquette expression every time.

-Вы пишете такие красивые стихи!

_____

-У вас такая замечательная семья!

_____

-Вы совсем не меняетесь! Всё такой же молодой и красивый!

_____

-Какой вы талантливый преподаватель!

_____

-Вам так идёт это платье!

_____

C. Learning Scenarios

C1. Действующие лица (2): студентка Тина, её однокурсница Сима. Действие происходит: в очереди в университетской столовой.

Тина никуда не уезжала на каникулы. Однокурсница Тины Сима приехала из Сухуми отдохнувшая и цветущая. Тина делает ей комплимент. Тине также нравится новая стрижка Симы. Сима рассказывает Тине о каникулах, о том, что она делала. Тина ей немного завидует. Составьте диалог.

C2. Действующие лица (2): американская студентка Кристи, её русский друг Степан. Действие происходит: каток «Варшавский экспресс».

Кристи учится в Петербурге. Многие студенты ходят на модный каток Варшавский экспресс, который находится в красивом старинном здании. Кристи выросла в тёплом климате и никогда не каталась на коньках. Она очень хотела бы научиться. Её друг Степан прекрасно катается на коньках. Кристи не может не сделать комплимент Степану. Может быть, он может научить Кристи кататься? Придумайте диалог.

C3. Действующие лица (2): американская студентка Кейтлин, её хозяйка Валерия Спиридоновна. Действие происходит: московская квартира хозяйки.

Хозяйка Кейтлин Валерия Спиридоновна выращивает прекрасные цветы. Зимой, когда Москва покрыта снегом, у Валерии Спиридоновны дома настоящий ботанический сад: белые гиацинты, жёлтая бегония, красные пуансеттии. В таком саду сразу становится тепло и уютно. Кейтлин делает комплимент хозяйке, который, конечно, развивается в диалог.

C4. Действующие лица (2): американский студент Джо, сестра его хозяйки Татьяна. Действие происходит: квартира Татьяны.

Сестра хозяйки Джо Татьяна пригласила его на именины. Татьяна любит праздники, обожает готовить и приглашать гостей. Джо узнал, что 25 января – не только праздник всех женщин, которые носят имя Татьяна, но также День студентов (значит, его праздник тоже)! У Татьяны было много гостей. Ужин был очень вкусный. Джо делает Татьяне комплименты, говорит какие блюда ему особенно понравились. Что говорит ему Татьяна? Составьте разговор Татьяны и Джо.

D. Written assignments

D1. На Русском Вечере американский студент Виктор играл сложную прелюдию Рахманинова. Прасковья занималась музыкой в прошлом и понимает, что для того, чтобы сыграть такое произведение так хорошо, надо не только быть чрезвычайно талантливым, но также надо очень много заниматься. Прасковья ушла с вечера раньше, у неё не было возможности сделать комплимент Виктору. Она пишет электронное письмо Виктору, чтобы сделать ему комплимент. Виктор ей отвечает. Сочините два письма.

D2. Рик пишет электронное письмо профессору Олегу Михайловичу Пронину, чтобы сказать, как ему понравилась лекция профессора на тему: «Семантика слова». Профессор Пронин отвечает Рику. Составьте два электронных письма.

D3. Внизу приведён ответ художницы Маруси на комплимент подруги Лекси. Какой комплимент сделала Лекси Марусе? Воспроизведите письмо Лекси, на которое Маруся ответила.

Дорогая Лекси!

Какие тёплые слова! Спасибо большое. Если бы ты знала, как долго и упорно я работала над этой картиной! Я сделала больше ста набросков до того, как наконец-то, у меня что-то стало получаться. Видеть эту картину на выставке в Московском Доме Художника – большая честь. Надеюсь, что скоро встретимся.

Целую,

Маруся

D4. Внизу приведён ответ молодого учёного Людмилы на письмо её старшей коллеги. На какое письмо Татьяны Валерьевны ответила Людмила? Сочините письмо Людмиле от старшей коллеги, исходя из ответа Людмилы.

Дорогая Татьяна Валерьевна,

Спасибо за тёплые слова и за Вашу поддержку. Кажется, что работая над этим проектом, я много ошибалась, но теперь, благодаря Вам, я вижу, что все эти ошибки были ступеньками к довольно успешной работе. Я так счастлива иметь такую прекрасную коллегу и терпеливого наставника!

Искренне Ваша,

Людмила

XI. Поздравляю с Днём Студентов! Желаю успехов в учёбе.

How to congratulate and accept congratulations

A. Etiquette phrases, expressions, and commentaries

Поздравляю + Instrumental

A1. National holidays

Поздравляю вас (тебя) с Новым годом (с Днём 8-ого марта (с Женским Днём), с Днём Победы, с Днём Студентов).

С Новым годом! С новым счастьем!

A2. Personal holidays

С Днём Рождения!

С женитьбой!

С замужеством!

С заключением брака!

С годовщиной свадьбы!

С годовщиной совместной жизни!

С юбилеем!

С золотой (серебряной) свадьбой!

С рождением дочки!

С рождением сына!

С защитой диплома!

С окончанием университета!

С поступлением в институт!

С новосельем!

С весной (с первым снегом, с новым учебным годом, с хорошей погодой, с новой машиной, с покупкой дачи).

С приездом (с возвращением)!

Мои поздравления! (can be used instead of any of the above, if the addressee knows what he(she) is congratulated with).

Я слышал(а), что вас (тебя) можно поздравить.

Notes:

От всей души, от всего сердца, горячо, сердечно, искренне can be added to a greeting phrase to strengthen it, to make it more emotionally elevated.

От всей души поздравляю вас, ребята, с покупкой квартиры!

A3. Passing greetings or congratulating on behalf of someone else:

Передай мои поздравления Томе!

От всей нашей группы (команды, организации) поздравляю с...!

От всего нашего класса (курса, отряда) поздравляю с ...!

От всех студентов (родителей) поздравляю вас с...!

Formal:

Примите мои (самые искренние) поздравления!

Разрешите (позвольте) поздравить вас ...!

A4. Wishes

Желаю вам/тебе + Infinitive

Сара, в этот особенный (радостный) день, желаю тебе всегда выглядеть такой же молодой и красивой!

Желаю вам + Genitive (счастья, радости, любви, успехов, долгих лет жизни)

Денис Павлович, желаю вам успехов в работе и долгих лет жизни!

Желаю + чтобы + Past Tense

Вася, желаю, чтобы тебе всегда и везде сопутствовал успех.

Пусть + Future Tense

Пусть у вас всегда всё будет замечательно!

Наилучшие пожелания! is an equivalent of *Best wishes!* or *All the best!*

Wishing is not limited to congratulations. People wish each other to have a nice trip, enjoy their vacations (mentioned in chapter XIII), as well as to get well soon (выздоравливай(те), не болей(те), when someone is sick, bon appétit (приятного аппетита), good luck (желаю удачи, ни пуха, ни пера), etc.

A5. Phrases accompanying gift giving:

Вот (тут) кое-что для вас вас (тебя).

Прими(те) мой *скромный* подарок (sometimes Russians minimize the value of their gifts, even if they happen to be carefully planned or/and expensive).

(А) вот мой подарок.

Это вам (тебе) от меня (нас).

Разрешите (позвольте) вручить вам + Accusative (formal).

A6. Response to congratulations/best wishes:

Спасибо (большое) (за поздравление).

Спасибо (большое). Я вас/тебя тоже поздравляю (вас (тебя) также).

Спасибо за (тёплые, добрые) пожелания.

И вам/тебе того же желаю.

Вам/тебе тоже.

Хорошо было бы... Спасибо!

A7. <u>Colloquial expressions (humorous)</u>:

Sometimes you hear expressions, that, when translated into English directly, don't make much sense and do not sound as good in English as they do in Russian.

Держи хвост пистолетом (морковкой, трубой)! – keep your tail up, like a gun (carrot, pipe)!

These are used to wish someone to be optimistic and cheerful about life or to cheer someone up in difficult circumstances. The closest expression in English is *Keep your chin up!*

-Поздравляю с новой работой! Желаю больших успехов, ну и всегда держать хвост пистолетом, никогда не унывать.

<u>Read and Analyze</u>:

1.

-Ниночка, поздравляю тебя с днём рождения! Желаю тебе счастья, любви, радости, здоровья, удачи, денег побольше, новой квартиры, хорошей работы, интересных встреч, ну а всё остальное у тебя уже есть.

-Спасибо, Олег. Благодарю тебя за добрые пожелания.

2.

-Рая, поздравляю тебя с защитой диплома! Какое большое достижение! Желаю тебе, конечно, дальнейших успехов.

-Спасибо, Кать. Я так много работала над дипломом, что сейчас, когда у меня появилось свободное время, я просто не знаю, что с ним делать.

-Такое бывает, я понимаю. Давай сходим в «Пасту и Басту», а потом в цирк. Я тебя приглашаю.

-Спасибо большое, Катюша. Сто лет в цирке не была, а «Паста и Баста» - один из моих любимых ресторанов, уютное и живое место. С огромным удовольствием! А в какой цирк пойдём: в Старый или в тот, что на Вернадского?

-У меня билеты в новый, на проспекте Вернадского.

-Великолепно! Тогда давай созвонимся ближе к делу, хорошо?

-Отлично, я тебе позвоню ближе к выходным. Пока.

-Пока.

3.

-Нора, я слышал Дворкины переехали в огромную квартиру.

-Да, они очень довольны. Квартира просторная, рядом с метро, на третьем этаже, с большим балконом.

-Я хотела поздравить, но не могу им дозвониться. Когда их увидишь, передай мои поздравления с переездом.

-Обязательно. Мы работаем вместе, я их скоро увижу. У Дворкиных скоро будет новоселье, так что ты сможешь их поздравить лично.

-Прекрасно. Я буду присматривать подарок.

4.

-Алексей, примите наши искренние поздравления с рождением сына! Желаем вам и вашей молодой семье счастья, любви, здоровья.

-Хорошо было бы. Прекрасное пожелание. Спасибо большое за поздравление.

-Вот кое-что для вас от всей нашей организации – наш скромный подарок.

-Спасибо, коллеги. Не надо было ничего дарить, вот уж не ожидал подарков. Это очень трогательно. Благодарю от всей души.

5.

Наташа и Ллойд пришли поздравить бабушку Наташи Антонину Яковлевну с Женским Днём (8 марта).

Н: Привет, бабуля!

Л: Здравствуйте, Антонина Яковлевна!

А.Я.: Ой, кого я вижу! Моя замечательная внучка и её прекрасный друг! Молодцы, что пришли.

Н: Поздравляем тебя, бабулечка, с Женским Днём. Желаем тебе здоровья и всегда быть такой же жизнерадостной и красивой.

Л: Я присоединяюсь. Всего вам самого прекрасного, Антонина Яковлевна.

А.Я.: Спасибо, мои дорогие! Спасибо огромное. Какие красивые тюльпаны! Мои любимые цветы! Проходите скорее. Давайте пить чай.

Л: От чая не откажемся. Спасибо большое.

-Ванюша, ты идёшь первый раз в первый класс! Поздравляю тебя!

-Спасибо, мама.

-Что бы ты хотел получить в подарок?

- Я бы хотел новую Плейстейшен и три дня не чистить зубы.

B. Drills

B1. Congratulate people in your life with different holidays or events. Accompany your congratulations with different wishes; it is customary in the Russian culture. Make sure you don't repeat the same greetings / wishes. In some situations you might want to add a present.

1. Поздравьте подругу Свету с Женским Днём (с 8-ым Марта).

   _____
   _____
   _____

2. Поздравьте вашу хозяйку Ангелину с Новым Годом.

_____
_____
_____

3. Поздравьте сына хозяйки Валентина с женитьбой.

_____
_____
_____

4. Поздравьте родителей вашей хозяйки Петра Сидоровича и Анну Ивановну с Золотой свадьбой.

_____
_____
_____

5. Поздравьте вашу преподавательницу русского языка Марьяну Сергеевну с Днём Учителя.

_____
_____
_____

6. Поздравьте собаку вашей хозяйки Исидору с первым снегом.

_____
_____
_____

7. Поздравьте вашего друга Митю с началом учебного года.

_____
_____
_____

8. Поздравьте вашего соседа Альберта Рудольфовича с победой в районном шахматном турнире.

_____
_____
_____

B2. Imagine you are an MGU student Arkadiy, who just won an international competition of talented young musicians in Vienna, Austria. Everybody calls to congratulate you on being such a talented cello player. Your friends Laura, Jessie, and Ksenya meet you at a coffee shop and offer their congratulations as well. Respond in three different ways. Use your imagination and think what comments you can add.

1. Джесси:

-Аркадий, я слышала, что тебя можно поздравить… Прими мои наилучшие пожелания. Какой ты молодец!

Вы:_____
_____

2. Лора:

-Аркаша, поздравляю тебя. Я очень тобой горжусь!

Вы:_____

_____

3.Ксенья:

-Мои поздравления! Дальнейших успехов!

Вы:_____

_____

C. Learning Scenarios

C1. Действующие лица (любое число): Катя, гости Кати (несколько человек). Действие происходит: в квартире у Кати в новогоднюю ночь.

Новогодняя вечеринка у Кати. Катя несколько раз открывает дверь и приветствует гостей. Все они – однокурсники, они хорошо друг друга знают. Гости поздравляют Катю и друг друга с Новым годом. Все что-то принесли хозяйке. Катя сразу открывает подарки и благодарит каждого гостя. Они коротко обсуждают подарки. Что скажет Катя о каждом подарке? Что вы можете пожелать Кате и её друзьям? Повторите выражения реакций на приход (Chapter I, section A) и разыграйте сценку.

Note: Эту сценку можно повторить несколько раз, используя поздравления с разными праздниками.

С2. Действующие лица (3): американская студентка Энн, хозяева студентки Ольга и Пётр. Действие происходит: сперва в университете, потом в московской квартире Ольги и Петра в день юбилея их свадьбы (25 лет – Серебряная свадьба).

Энн знает, что у Ольги и Петра очень важный юбилей – 25 лет со дня свадьбы. Энн не знает, как их лучше поздравить. Она просит русскую подругу Галю дать ей совет. Галя говорит Энн, что 25-летний юбилей – это Серебряная свадьба, и надо дарить серебряные предметы. Галя и Энн говорят о предметах, сделанных из серебра, и решают, что все серебряные вещи -слишком дорогие. По дороге из университета Энн покупает цветы. Она поздравляет хозяев с годовщиной свадьбы, дарит им цветы и что-то им желает (интересно что?) Пётр очень удивлён, что Энн помнит об их годовщине. Ольга восхищается цветами. У хозяев тоже есть сюрприз: у них уже накрыт праздничный стол. На столе одно из любимых блюд Энн – запеканка из мяса и кабачков. Разыграйте две сценки: разговор Энн и Гали, а также сценку поздравления с юбилеем.

С3. Действующие лица (любое число): американская студентка Лори, знакомые Лори (несколько человек). Место действия: московская улица в солнечный день.

Наконец наступила весна. Русские говорят, что весна – пора любви (часто романтические отношения начинаются именно весной). После суровой зимы в Москве вдруг тепло: светит солнце, текут ручьи, настроение у людей приподнятое. У американской студентки Лори настроение тоже отличное: она рада, что кончилась зима. По дороге в университет Лори поздравляет всех студентов, которые идут ей навстречу, с весной, с хорошей погодой. Составьте несколько коротких диалогов (2-4 реплики каждый), включите поздравление Лори, ответ на поздравление, дополнительные комментарии.

С4. Действующие лица (любое число студентов): Нина, её американская подруга Джози, тётя Дуся, дедушка Нины, кузина Нона, возможно, ещё несколько друзей Нины.

Родственники и друзья звонят весь день, чтобы поздравить Нину с поступлением в университет. Американская подруга Джози, тётя Дуся, дедушка Нины, кузина Нона, и это ещё не все позвонившие! Составьте несколько телефонных разговоров Нины с друзьями и родственниками.

D. Written assignments:

D1. Аркадий пишет электронное поздравление подруге Лилиан. В этом году Аркадий не может поздравить её лично (он, конечно, объясняет почему). Что Аркадий желает Лилиан? Лилиан пишет ответ Аркадию. Составьте два электронных письма.

D2. У хозяйки американской студентки Дорис есть очаровательный племянник Мироша. Он только что научился читать и писать, но он давно любит футбол и мороженое. Мироша играет в команде «Footyball». Всю неделю он тренировался и очень волновался перед важной игрой. Дорис слышала, что сегодня команда Мироши-футболиста выиграла. Она спешит написать Мироше поздравление с победой и пригласить его на мороженое. Что она может пожелать юному футболисту? Мироша пишет ответ Дорис. Придумайте два электронных письма.

D3. Внизу приведён ответ Дины на письмо подруги Ксюши. Каким было письмо Ксюши? Что она написала Дине? Придумайте электронное письмо от Ксюши Дине.

Милая Ксюша,

Спасибо за поздравление и за тёплые пожелания. Я тебя очень люблю! Надеюсь, что мы скоро найдём время поужинать вместе и поболтать обо всём на свете.

Обнимаю,

Дина

D4. Ознакомьтесь с ответом Эльвиры Васильевны на письмо Бруса. Сочините письмо Бруса Эльвире Васильевне. Как вы думаете, кто такой Брус?

Дорогой Брус,

Спасибо за поздравление и за добрые слова. Я писала эту книгу 7 лет! Я счастлива безмерно, что она, наконец-то, увидела свет. Напишите Ваш адрес. Я пошлю Вам копию с дарственной надписью.

С уважением,

Эльвира Васильевна

XII. –Спасибо большое! – На здоровье.

Etiquette of giving and receiving thanks

A. Etiquette phrases, expressions, and commentaries.

A1. Basic phrases used in both casual and formal situations:

(Большое) спасибо.

Благодарю вас (тебя) *за ...*

Я вам (тебе) (очень) благодарен (-на) за...

Gratitude phrases are usually used either with *за +Noun* (Благодарю тебя за заботу) or *за то, что +Verbal phrase* (Большое спасибо за то, что вы нашли время для меня).

Лидер Украинской партии "Батькивщина" Юлия Тимошенко поздравила президента Европейской народной партии с днем рождения и выразила ему благодарность за поддержку Украины на пути в ЕС:

« *Я очень благодарна вам* за поддержку меня лично и последовательную поддержку политики сближения Украины с Европой», - говорится в поздравлении, передает Цензор.НЕТ со ссылкой на пресс-службу Объединенной оппозиции.

A2. Phrases that carry a formal element:

Я вам чрезвычайно благодарен (-на) (признателен(-на)

Разрешите поблагодарить вас за...

Хочу выразить вам (большую) благодарность

A3. Higher degree of gratitude:

У меня нет слов, чтобы отблагодарить вас (тебя).

Вы (ты) не представляете (ешь), как я вам (тебе) благодарна!

Если бы вы (ты) знали(-а), как я вам благодарен!

От всей души благодарю вас (тебя)!

Я *так* вам благодарен! (*Как* я вам благодарен!)

Вы не можете себе представить, как я вам благодарна!

Если бы вы знали, как я вам признателен!

Тысяча благодарностей!

A4. Thanking for something in advance.

Спасибо заранее!

Заранее благодарю вас!

A5. Response to gratitude:

Common phrases

Пожалуйста.

Не стоит благодарности.

Ну (да) что вы!

Какие пустяки!

Не за что!

Note: 1) Often Russians tend to minimize what they have done, even if what was done is quite meaningful and time-consuming; the expression literally means "For nothing" (there is nothing to thank me for). 2) Stress is on the first syllable; otherwise, the meaning changes and the expression sounds like "No way!"

Это я должен (-на) вас благодарить.

Вам тоже спасибо (if the interlocutors did something for one another)

Мне это не составило труда.

Всегда пожалуйста.

На здоровье! (in response to thanks for food: a meal, a drink, or a snack)

Всегда к вашим услугам (formal)

Quite often conversation continues after we thank someone and get a response. For example, a compliment might follow, such as "Вы всегда меня выручаете", which is often a transition to further conversation.

Affirmation of delight

Sometimes gratitude is expressed after the fact, followed by an expression of delight at the help that was given or at the choice that was made (of a restaurant, jazz club, concert, etc.) An affirmation of delight that what was offered worked well or was liked/enjoyed, often becomes part of the response to such expression of gratitude. Sometimes the actual etiquette phrase (the "you are welcome" part) is omitted in such response and replaced with phrases such as *Правда? Ну, вот и хорошо, Отлично*, etc., as the emphasis shifts to the expression of delight that follows. Here are some examples:

1. -Спасибо за прекрасную экскурсию. Мне очень понравилось.
-Всегда пожалуйста. *Я надеялся, что вам понравится.*
or
-Правда? *Я надеялся, что вам понравится.*

2. -Спасибо за то, что вы мне оставили зонтик. Он мне очень пригодился.
-Не стоит благодарности. *Рад, что зонтик пригодился.* У меня всегда зонт с собой.
or
-Ну, вот и хорошо. *Рад, что зонтик пригодился.* У меня всегда зонт с собой.

3. -Спасибо за билеты в оперный театр. Мне очень понравилась опера!
-Пожалуйста. *Я очень надеялась, что вам понравится.* Я любила оперу с детства.
or
-Отлично. *Я очень надеялась, что вам понравится.* Я любила оперу с детства.

4. -Благодарю вас за то, что вы меня познакомили с Ритой. Она мне очень помогла.
- Не за что. *Очень рад, что это знакомство вам помогло.*
or
-Правда? *Очень рад, что это знакомство вам помогло.*

This kind of constructions can be great "conversation starters", transitions to further communication.

-Спасибо за помощь!

-Да не за что.

-Понятно, что не за что, но я же культурный!

-Тётя Марина, спасибо большое за барабан, который вы мне подарили на Рождество. Я вам так благодарен!

-Пожалуйста, Стёпа.

-А сколько он стоит?

-Странный вопрос. Ну, он недорогой: рублей 100 стоит. Дорог не подарок – дорого внимание!

-Конечно, тётя Марина, хотя подарок очень даже дорог тоже! Мне папа и мама дают 200 рублей каждый день, чтобы я на барабане не играл.

A6. Slang

It is not a good idea to use these expressions, but it is good to know what they mean and recognize them if you happen to hear them.

Мерси (borrowing from French).

-*Мерси* за прекрасную прогулку!

-Тебе тоже *мерси*!

Read and analyze:

1.

-Доктор, я хочу выразить вам большую благодарность за заботу и за чуткое внимание к моему мужу. Если бы не вы, он бы не выздоровел так быстро.

-Не стоит благодарности. Весь персонал нашей больницы всегда рад оказывать самую лучшую помощь нашим пациентам.

-Вы создали великолепную клинику. Я всегда буду рекомендовать вас моей семье и друзьям.

-Спасибо. Всегда к вашим услугам.

2.

-Ниночка, у меня нет слов, чтобы отблагодарить вас за всю вашу помощь во время моей командировки.

-Ну что вы, Зоя Аркадьевна! Мне было приятно побыть с вашими детьми.

-Саша и Даша просто в восторге от вашей помощи: вы им помогали делать уроки, варили вкусный суп, играли с ними в разные игры. Они не хотят вас отпускать!

-Мне это не составило труда. Они замечательные дети.

-Нина, если вы свободны в следующие выходные, у меня для вас опять будет работа.

-Всегда пожалуйста, Зоя Аркадьевна. Я свободна.

-От всей души благодарю вас, Ниночка.

3.

-Извините пожалуйста, вы не скажете, где здесь багаж получают?

-Это внизу. Спуститесь вниз на эскалаторе и там прямо увидите.

-Спасибо огромное!

-Не за что.

4.

-Сеня, я хочу пригласить тебя в фитнес-клуб. У меня есть гостевой пропуск. Пойдёшь?

-С удовольствием пойду, Натуля, спасибо большое. Даже не знаю, как тебя благодарить.

-Какие пустяки!

-Совсем даже не пустяки! Я сегодня весь день лежал на диване и смотрел футбол. Как приятно, что ты меня приглашаешь побегать и попрыгать.

-Я не знала, что сегодня был футбол. Кто играл?

-Бразилия – Франция. Сегодня был полуфинал. Я устал лежать на диване! Буду готов через десять минут.

-Хорошо, я подожду.

5.

-Дарья Валерьевна, спасибо за прекрасный обед. Вареники были замечательные.

-На здоровье. Это я вас должна благодарить за приятную компанию, Коля. Вы такой прекрасный рассказчик! Я люблю, когда вы рассказываете мне о вашей семье, о вашей учёбе в Америке.

-Спасибо за комплимент. Хорошо было бы, если бы здесь была моя сестра и слышала, что вы называете меня прекрасным рассказчиком. Она совсем не любит меня слушать.

B. Drills

B1. Thank different people for doing beautiful things for you. Make sure you use different etiquette expressions every time. Add your comments.

1. Thank your host mother for the wonderful dinner party she threw for you and your friends on your birthday.

_____

_____

_____

2. Thank your friend Vanya for the tickets to the football game (Spartak is playing with Real).

_____

_____

_____

3. Thank your Russian instructor Dina for helping you with your homework and explaining the rules so well.

_____

_____

_____

4. Thank your neighbor Andrei Andreevich for the poetry book from his collection he gave you, when he learned that you love the poetry by Igor Severyanin.

_____

_____

_____

5. Thank your host mother's son Arkasha for not interfering with your homework. Now that you are done, you can play with him.

_____

_____

_____

6. Thank the family dog Пиккьо for not sitting on your Russian textbook.

_____

_____

_____

7. Express your thanks to your friend Yasha for visiting you when you had fever. Thank him for the nice treats he brought you (what were they, by the way?)

_____

_____

_____

8. Thank your Russian friend Vasya for always recording the latest Russian music for you. How nice of him!

_____

_____

_____

B2. You feel like a hero today – appreciation is in the air! All day your family and friends are thanking you for something and express their appreciation for you. Respond to their thanks and add a comment each time. Do not repeat the same etiquette phrases.

1. Your host mother Valentina: "Ты не представляешь, как я тебе благодарна за то, что ты убрался на кухне и вымыл посуду. Какой молодец!».

_____

_____

2. Your host mother's son Arkasha: «Спасибо за то, что ты поиграл со мной в Монополию и за то, что ты проиграл».

_____

_____

3. Your friend Vera: "Тысяча благодарностей за билеты на оперу! Мне так понравилась опера "Чародейка", и как мне нравишься ты!»

_____

_____

4. Your friend Max you were serving tea to: "Какой вкусный чай и какой прекрасный шоколад. Мой любимый! Спасибо большое».

_____

_____

5. Your classmate Aaron: «Слушай, я тебе безмерно благодарен за то, что ты помог мне выбрать подарок для Оли».

_____

_____

B3. You are hosting a Russian student Natasha in your Philadelphia home. You and your parents like to show Natasha your city, take her to museums, concerts, etc. Review section A5 in this chapter and use the *Affirmation of delight* structure to form your responses to Natasha's expressions of gratitude. Give two options: one with a phrase/word of gratitude and one without (with a "replacement phrase").

1. Наташа: -Спасибо огромное за билеты на балет "Щелкунчик"! Мне так понравился балет!

Вы: -_____

_____

2. Наташа: -Мне так понравилось в Киммел Центре! Я так рада, что вы меня пригласили на концерт. Спасибо!

Вы:_____

_____

3. Наташа: -Благодарю вас за велосипед! Если бы не ваша идея, я бы очень устала идти в музей Эдгара По пешком. Оказывается, это очень далеко от вашего дома.

Вы: _____

_____

4. Наташа: Как я обожаю филадельфийский музей искусств! Выставка там была замечательная. Не знаю, как вас благодарить за прекрасный день в музее!

Вы: _____

_____

C. Learning Scenarios

C1. Действующие лица (2): студентка Моника, хозяйка Ольга Вадимовна. Действие происходит: квартира хозяйки.

Хозяйка американской студентки Моники удивила девушку трогательным поздравлением с днём рождения. Ольга Вадимовна приготовила для Моники особенный ужин. Все любимые русские блюда Моники были на столе: пирог с грибами, салат Оливье, котлеты по-киевски. Ольга Вадимовна также пригласила Монику на балет «Русалочка» в театр Станиславского и Немировича-Данченко. Моника очень благодарна. Составьте разговор хозяйки и Моники (разговор происходит после ужина и после похода в театр). Включите в разговор не только благодарность и ответ на благодарность, но и описание впечатлений Моники от еды и от балета.

C2. Действующие лица (2): студентка Кейт, соседка хозяйки Марина (молодая мама). Действие происходит: лестничная площадка (hallway).

У Марины двое детей: четырёхлетний сын Филя и двухлетний сын Мироша. Когда Филя упал и порезал ногу во время прогулки, Марина решила отвезти его в травмпункт[22]. Мужа Марины нет дома, а бабушки живут далеко. Марина идёт к соседке Розе (хозяйке американской студентки Кейт), но соседка Роза на работе. Дома только её гостья Кейт. Услышав, что случилось, Кейт предлагает посидеть с Мирошей, несмотря на то, что ей надо заниматься. Марина просила Кейт покормить Мирошу, он очень голодный. Марина

возвращается из травмпункта через три часа. Она очень благодарна Кейт. Разыграйте две сценки: до поездки в травмпункт и после приезда из травмпункта. Подумайте не только о словах благодарности, но и о

---

[22] There is no exact equivalent in English. Травматологический пункт (травмпункт) is an «emergency room» for patients with injuries (wounds, cuts, fractures, dislocations, etc.)

продолжении разговора Марины и Кейт: как чувствует себя Филя? Как вёл себя Мироша? Кейт было легко его кормить? Что он ел?

С3. Действующие лица (2): американская студентка Минди, русский студент Жора. Действие происходит: студенческое кафе «Пирс».

Друзья собрались, чтобы отметить день рождение Минди в кафе «Пирс». Минди интересуется архитектурой Москвы, особенно конструктивизмом. Она планирует купить альбомы по конструктивизму до того, как уедет из Москвы. Когда её русский друг Жора дарит ей альбом по конструктивизму на день рождения, Минди очень рада и тронута его вниманием. Ей очень приятно получить такой особенный подарок. Минди не удивлена, что Жора знает об её интересе к архитектуре, но она не может припомнить, откуда он может знать о её любви к конструктивизму. Он просто «читал её мысли». Составьте разговор Минди и Жоры.

С4. Действующие лица (2): американская студентка Эшли, преподаватель русского языка Татьяна Вячеславовна. Действие происходит: кафе в университете.

Эшли училась в Петербурге почти год. Скоро она уезжает в Америку. Эшли очень благодарна её преподавателю русского языка Татьяне Вячеславовне за всё, что она для неё сделала: за её готовность помочь, за её доброту, за глубокие знания, которые она ей передала. Эшли никогда не забудет, как Татьяна Вячеславовна интересно рассказывала о реках и каналах Петербурга и показывала Эшли места где она выросла. Когда Эшли встречает Татьяну

Вячеславовну в университетском кафе, она подходит поблагодарить её. Составьте диалог.

С5. Действующие лица (2): американский студент Джеймс, его хозяйка Антонина Петровна. Действие происходит: московская квартира хозяйки.

У хозяйки американского студента Джеймса есть очень красивый электрический самовар. Джеймс очень хочет взять домой в Америку такой самовар. Когда у Джеймса есть время ходить по магазинам, он видит электрические самовары, которые очень дорогие, или очень маленькие, или очень большие, или не очень симпатичные. Ему хотелось бы купить не очень дорогой Тульский электрический самовар, как у Антонины Петровны, его хозяйки. Хозяйка Джеймса сказала, что «будет смотреть», если увидит где-нибудь именно такой, то сразу даст знать. Антонина Петровна позвонила Джеймсу из подмосковного города Мытищи (она бывает там по работе раз в месяц) и сказала, что в местном магазине продаётся именно такой самовар, какой хочет Джеймс. Ехать в Мытищи от университета – часа три, а самоваров в магазине всего два. Антонина Петровна покупает самовар для Джеймса и везёт его в Москву (коробка с самоваром – очень большая). Джеймс безмерно благодарен. О чём Джеймс и Антонина Петровна говорят после того, как она входит в квартиру с самоваром в руках? Составьте диалог.

D. Written Assignments

D1. Напишите благодарственную записку[23] подруге Насте за то, что она навестила вас, когда вы болели и принесла вам ваши любимые цветы (какие?) и любимый шоколад (какой?) Напишите ответ от Насти вам.

D2. Поблагодарите вашего преподавателя Олега Валентиновича за то, что он написал вам отличное рекомендательное письмо для поступления в аспирантуру. Придумайте и напишите ответ Олега Валентиновича вам.

D3. Американская студентка Дэрел не может не поблагодарить преподавателя фонетики Елизавету Макаровну за помощь в работе над произношением и интонацией (Дэрел сделала большой прогресс!) Преподаватель фонетики отвечает на письмо Дэрел. Напишите два письма.

Below are the letters written in response to somebody else's letters. Use your imagination and proper etiquette expressions to recreate the original letter from the responses you see.

D4.

Лорочка!

Какие пустяки! Я шла мимо, и мне было совершенно не трудно забежать на почту.

Обнимаю,

Карина

---

[23] Thank you note. Благодарственное письмо is a more formal, often longer form of expressing gratitude and appreciation.

D5.

Милая Леночка!

Не стоит нас благодарить. Это мы должны вас благодарить за то, что вы приняли наше приглашение провести выходные на даче в Малахово. Приезжайте еще в конце лета. У нас будет большой урожай ягод и фруктов. Август в наших краях такой красивый!

Успехов вам в учёбе!

Анна и Алексей

XIII. До скорой встречи! Пиши! Заезжай!

Etiquette of saying good-bye

A. Etiquette phrases, expressions, and commentaries

A1. <u>Most common good-bye phrases</u>:

До свидания!

Пока!

Всего хорошего (доброго)!

До (скорой) встречи!

До завтра (субботы, вечера, скорого (свидания))!

Счастливо!

Я не прощаюсь (с вами, с тобой) – if expected to meet again soon.

Прощаться means to say good-bye. *Прощать* is to forgive. *Прощай* is Imperative; it is used when people part for an extended period of time or forever. This meaning combines saying good-bye with a request to forgive if there is something to forgive for (synonymous to *Не поминай(те) лихом!* – see A3). *Прощай* is an archaism now. You can see it in the works of Russian literature of the previous centuries. *Не поминай(те) лихом!* is still used as an idiomatic phrase.

Увидимся!

Спокойной ночи! (during evening hours)

The following phrases have an element of familiarity, and are used by people who know each other very well (mostly young people).

Всего!

Давай!

Чао! (Italian)

Бай!

A2. Most common written farewell phrases:

Обнимаю!

Целую!

До (скорой) встречи!

До (скорого) свидания!

A3. Phrases used after farewell words:

Не забывай(-те)!

Приходи(те) ещё.

Заходи(-те) почаще.

Заезжайте!

Звони(-те)!

Пиши(-те)!

Сбрось смс-ку (напиши, позвони), когда доедешь.

Будем держать связь!

Созвонимся!

Береги(-те) себя!

Извините, если что-то не так.

Не поминай(-те) лихом. – means *не думайте плохо* (пожелание, просьба при расставании на долгий срок). *Лихо* (archaism) – "зло".

"Она прильнула губами к его седеющему виску, тихо сказала: "Будь здоров, дорогой. *Не поминай лихом.*" (И. Бунин, "Последнее свидание")

Обними (поцелуй) от меня + Accusative

Передай привет +Dative

A4. <u>Wishes after farewell phrases:</u>

(Желаю) счастливого пути.

(Желаю) вам (тебе) хорошо добраться.

(Желаю) хорошего отдыха (хорошей, удачной поездки)!

(Желаю) приятного путешествия!

Счастливо оставаться! (to those who stay)

(Желаю) вам (тебе) успехов (в учёбе, в работе).

(Желаю) вам (тебе) всего (самого) хорошего (доброго).

Often Russians would respond "И вам тоже" to the last two phrases.

A5. <u>Finishing conversation/meeting</u>:

One of the phrases or a combination of several are often used.

(Ну) мне пора (идти).

(Ну) я засиделся (-ась).

Уже поздно.

Мне надо (нужно) идти.

(Ну) я пойду (пошёл).

Я должен (-а) идти.

(Мне) было приятно провести с вами время (поговорить с вами).

Хорошо, что мы встретились (поговорили).

У вас так хорошо (но надо идти).

Спасибо за прекрасный вечер.

Спасибо (вам) за всё.

Извините (простите), что я отнял (-а) у вас столько времени.

Я не хочу вас больше задерживать.

Both in English and in Russian *goodbye* expressions often have an element of concern: in English *Take care, Drive safely, Have a safe flight, Good luck* or in Russian *Счастливого пути, Береги себя, Всего хорошего (доброго), Удачи*. Unlike in Russian though, farewell phrases in English also often reflect wishing enjoyment or adventure: *Have fun, Enjoy yourself, Have a nice weekend*. This form of saying goodbye is not used as widely in Russian, and these, seemingly very simple phrases, are hard to translate into Russian.

Read and analyze:

1.

–Мне так грустно, что ты уезжаешь, Вадим!

-Мне тоже, но я с тобой не прощаюсь, Даша. Мы оба знаем, что время пролетит быстро, и мы опять будем вместе.

-Интересно, что когда ты в Европе, все места, куда мы ходили вместе здесь, в Питере, улицы, по которым мы гуляли, напоминают о тебе.

-Ну, скоро мы опять будем гулять по этим улицами вместе.

-Береги себя. Сбрось смс-ку, когда доедешь.

-Обязательно! Будем держать связь каждый день.

-Хорошо. Я тебя обнимаю.

2.

-Лёня, уже поздно, мы засиделись. Нам всем завтра рано вставать, да и вам тоже.

-С вами так быстро время пролетело! Я и не заметил, что уже 11 вечера. Спасибо, что зашли.

-Это вам со Светой спасибо за приглашение. Надо чаще собираться, тем более, что наши дети любят играть вместе.

-Конечно, давайте планировать встретиться ближе к Женскому Дню, что-нибудь придумаем вместе.

-Договорились. Спасибо за всё. Мы пошли.

-Хорошо вам добраться! Пока.

3.

-Анна Фёдоровна, я уезжаю, звоню, чтобы попрощаться.

-Рональд, спасибо, что не забыли позвонить. Как мне приятно было с вами познакомиться!

-Мне с вами тоже, Анна Фёдоровна. Мне повезло, что у моей хозяйки такая добрая и прекрасная мама.

-Спасибо за тёплые слова, Рональд. Мы обязательно встретимся, когда вы снова приедете в Петербург. Очень хочу пригласить вас на дачу в следующий раз.

-Это было бы здорово. Сейчас, зимой, было слишком холодно для этого, а вот летом будет в самый раз.

-Желаю вам счастливого пути, а также успехов в учёбе и всего самого доброго.

-Спасибо большое, Анна Фёдоровна. Счастливо оставаться. Передайте от меня привет Денису Витальевичу.

-Обязательно передам. Пишите, звоните, приезжайте!

4.

-Здравствуйте, Тамара. Я зашёл к вам попрощаться.

-Здравствуйте, Конар. Вы уезжаете?

-Да. Завтра я уезжаю в Петербург на год. Я буду учиться во Флагманской программе.

-Прекрасно! Я так рада за вас!

-Эмили тоже уезжает. Она хотела с вами попрощаться, но у неё дел полно: в общежитии, в библиотеке, на работе. Она просила передать привет.

-Спасибо большое. Напишите из Петербурга – буду рада.

-Обязательно напишем.

-Студенты часто собираются писать, но не пишут.

-А мы с Эмили напишем. Вот увидите.

-Хорошо, буду ждать. Приятного вам путешествия, Конар!

-До встречи через год, Тамара.

- Ну всё, спокойной ночи! Засиделся я! Пришёл рано утром, а сейчас уже поздний вечер. Пора идти. Не стоит меня провожать, не беспокойтесь.

- Ну, что вы! Проводить вас - это не беспокойство, это радость.

B. Drills:

B1. Use construction До + Genitive to say good-bye to your friends. Don't use *До свидания* in this assignment.

You'll see Marina at work on Monday.

-До понедельника, Марина.

1. You'll see Vasya in your Spanish class on Wednesday.

   _____

2. You'll meet with Natalie at the holiday party at your friend's house on Saturday.

   _____

3. You'll meet Richard at the gym some time soon, but you don't know what day of the week it's going to be (your schedules sometimes don't coincide).

   _____

4. You are going to meet Karina on a bus tour to Suzdal' on Sunday.

   _____

B2. Your American friends Susan, Mike, and Kevin are leaving St. Petersburg after the Fall semester ends. You're staying until summer. Use <u>different</u> etiquette phrases to respond to your friends, as they say good-bye. Use your imagination to add a comment.

Susan:

- Счастливо оставаться. Желаю приятного семестра и тёплой весны. Я тебе завидую.

Вы: _____

_____

Mike:

-Ну, давай! Не поминай лихом. Увидимся летом!

Вы:_____

_____

Kevin:

-Чао! Будем на связи!

Вы:_____

_____

B3. Translate into Russian, providing as close equivalents, as possible.

See you soon._____

I must be going._____

Remember the good times._____

Best wishes to you!_____

Good luck!_____

Have a good trip!_____

Take care of yourself._____

Shoot me a text._____

Let's stay in touch!_____

I don't want to hold you any longer._____

Say hello to your parents._____

It was good talking to you._____

Thank you for the beautiful evening._____

B4. You love to visit your Russian friends and their families in St. Petersburg. You enjoy their company so much that every time you seem to lose track of time, and when you think it's about 8 p.m. (this is when you plan to leave), it's really a lot later than that. This week it happened three times . Clearly, you need to work on being more organized. Meanwhile, tell your friends in three different ways that you stayed too long, that it is time to go, and tell them how much you enjoyed their company.

Your friend Yulia and her parents Oleg Olegovich and Tamara Vadimovna (they had you over for lunch):

_____

_____

_____

_____

Your host brother Roman (he has an amazing collection of Russian and European books):

_____

_____

_____

_____

Your neighbor Svetlana (she is a talented piano player, and you enjoyed listening to her play).

_____

_____

_____

_____

B5. Say good-bye to the following people, using different etiquette expressions every time. Add your wishes / comments.

Your neighbors who are going on vacation to Karelia for three weeks.

_____

_____

Your friend Vova who has been your guest in America and now is going back to Russia.

_____

_____

Your hostess Lara in St. Petersburg. She was so nice to you!

_____

_____

Your friend Valya. She had a surgery and you are vising her at the hospital.

_____

_____

Your instructor in Business Russian Arcadiy, before you go back to America.

_____

_____

C . Learning Scenarios

C1. Действующие лица (5 – can be fewer or more): американская студентка Ронда, её хозяйка Алла Семёнована, её подруга Настя, её друг Дима, преподаватель Пётр Иванович.

Ронда прекрасно провела семестр в Москве, но пора домой, пора прощаться с хозяйкой, с её семьёй, с друзьями и преподавателями.

Разыграйте следующие сценки прощания:

a) Ронда прощается с хозяйкой Аллой Семёновной. Действие происходит в квартире у Аллы Семёновны.

b) Прощание с подругой Настей и другом Димой (ещё одной хорошей подруги Зины не было в университете, Ронда не может ей дозвониться и просит друзей передать ей привет). Действие происходит дома у Насти.

c) Ронда прощается с преподавателем Петром Ивановичем. Действие происходит в студенческой аудитории, после лекции по литературе.

Что, скорее всего, скажут русские, с которыми Ронда прощается?

C2. Действующие лица (5): американская студентка Дайана, её друг Гена, её подружка Катя, её однокурсница Алёна, её знакомый Андрей. Действие происходит: около метро Парк Культуры в Москве.

Дайана часто прощается с однокурсниками около метро: им обычно на метро, а ей на автобус. Разыграйте сценки прощания Дайаны с друзьями, используя вместо «пока» или «до свидания» другие выражения прощания (*до + Родит. Падеж*), которые русские используют, когда предполагается встреча в приблизительно известное им время.

a) Дайана прощается с Геной. Она увидит его завтра на занятиях по лингвистике.

b) Прощание с Катей. С Катей она встретится в воскресенье в Большом театре. Будет танцевать Николай Цискаридзе – так не танцует никто!

c) Дайана прощается с Алёной. С ней она встретится вечером в кафе «Zen кофе».

d) С Андреем Дайана встретится скоро, в спортивном зале, скорее всего, но это не точно.

C3. Действующие лица (4): студентка Сабрина, её друг Андрей, сестра Андрея Алеся, их мама Ольга Фёдоровна. Действие происходит: квартира Андрея, после ужина.

Сабрина хорошо провела время с семьёй друга Андрея: они вместе ужинали (мама Андрея приготовила прекрасный стол), разговаривали, играли в Нарды (Tables), пили чай с тортом «Чародейка», который испекла сестра Андрея Алеся. Андрей играл для всех на скрипке. Время пролетело быстро. Сабрине надо идти. Разыграйте сценку прощания Сабрины с Андреем, Алесей, их мамой Ольгой Фёдоровной. Как Сабрина начнёт прощаться? Как ответят хозяева?

C4. Действующие лица (2): Американская студентка Викки и русский студент Вадим, оба будущие искусствоведы (специалисты по искусству). Действие происходит: по дороге от здания МГУ к станции метро «Университет».

Все однокурсники знают, что Викки очень любит Филиппа Андреевича Малявина. Она много читала о его жизни и коллекционирует литературу о художнике и о его картинах. Викки также любит море, пляж. Этим летом сбывается её мечта: она едет в Ниццу, на юг Франции, на море. В Ницце жили многие известные иммигранты из России. Филипп Малявин тоже там жил и похоронен на кладбище Кокад. В Ницце есть интересные русские места, в том числе, красивая русская церковь. А какие планы у Вадима? Куда он едет летом? Был ли он когда-нибудь на юге Франции?

Викки рассказывает Вадиму о своих планах, говорит, что завтра уезжает. Вадим делится его летними планами. Они прощаются. Подумайте, какие слова прощания более уместны в этой ситуации. Разыграйте сценку.

Русская церковь в Ницце

С5. *Действующие лица: студентка из Филадельфии Сара, соседка её московской хозяйки Варвара. Действие происходит: рядом с домом хозяйки, около пруда.*

Сара встречает Варвару по дороге к метро. Варвара — не просто соседка её хозяйки, они также хорошие подруги.

Сара провела много вечеров, разговаривая с Варварой, когда она приходила в гости к хозяйке. Варвара – врач. Она говорит по-английски и иногда приезжает в Америку. Она часто работает в ночную смену, и её трудно застать дома. Сара уезжает в Америку через два дня. Она рада, что встретила Варвару около пруда. Это хорошая возможность попрощаться. Варвара и Сара разговаривают и прощаются. Составьте диалог.

D. Written assignments

D1. Американская студентка Эшли уезжает домой в Миннесоту. У неё не было возможности попрощаться с её любимым профессором Никитой Петровичем. Эшли хочет, по крайней мере, написать ему письмо: сказать до свидания и спасибо. Кстати, она упоминает в своём письме, почему Никита Петрович - её любимый профессор. Напишите два письма: от Эшли профессору и от профессора Эшли.

D2. Американский студент Рон уезжает в Америку после года в России. Его хозяйка устроила для Рона вечеринку, где были его друзья и семья хозяйки. К сожалению, на вечеринке не было очень важного человека – племянника хозяйки Вани. Ваня изучает венгерский язык и проведёт несколько месяцев в Будапеште. Рон пишет письмо Ване, прощается с ним. Составьте два письма: от Рона Ване, и от Вани Рону. Что у них общего? Есть ли у них планы увидеться в будущем? В письмах должны быть ответы на эти вопросы.

Letters below (D3, D4) are the answers written in response to somebody's letters. Use your imagination and good etiquette phrases to create the original letters:

D3.

Спасибо, Филюша, за то, что ты помнишь о моём отъезде. Я с тобой не прощаюсь. Весной я буду в Питере и обязательно тебе позвоню. Желаю успехов в учёбе!

Счастливо оставаться,

Дикси

D4.

Марусенька,

Спасибо, что написала. Желаю прекрасного (и очень заслуженного) отпуска. Я очень люблю Прибалтику. Завидую ужасно.

Поцелуй от меня Яшеньку.

До встречи,

Нора